딱! 한권

JLPT 일본어능력시험

모의고사 3회분 N3

시사일본어사

머리말

本書は、日本語能力試験のN1からN5のレベルのうち、N3の試験対策を目的に、3回分の模擬試験を用意しました。

本書の特徴は、問題数が豊富であることです。模擬試験が3回分収録されていますから、試験直前にとにかくたくさん問題を解きたいという場合に使うことはもちろん、試験の傾向を知るために1回、少し勉強してから1回、試験直前に1回といった使い方をすることもできます。本書を使って本番と同じ形式の問題を3回解いてみれば、試験の特徴は十分につかめるでしょう。

また、本書では、あまり時間がない中でも必要な試験対策がとれるよう、解説を工夫しました。問題を解いて答えの正誤を知るだけでなく、効率よく、正解を導くためのポイントを学んだり、今まで学んできた知識を整理したりできるようになっています。

N3に合格するためには、幅広い日本語の知識とそれを適切に運用する力が求められます。本書を使って繰り返し学習することによって、弱いところや苦手なところを補強し、日本語能力の向上を目指してください。

本書がN3合格を目指す皆さんのお役に立てることを願っています。

著者・編集部一同

목차

이 책의 사용법

〈이 책의 구성〉

- 모의고사는 전부 3회분이 있습니다.
- 문제와 해답용지는 부속 별책에, 해답 · 해설은 본책에 수록되어 있습니다.
- 청해용 MP3 CD가 1장 들어있습니다.

〈이 책의 사용법〉

① 3회의 모의고사는 (한 번에 풀지 말고) 각각 정해진 시간에 따라 나눠서 진행해 주세요.

＊해답용지는 자르거나 복사해서 사용해 주세요.

＊「언어지식(문자 · 어휘)」, 「언어지식(문법) · 독해」에서는 문제를 푸는 데 걸리는 시간에 대해 목표 시간을 설정, 큰 문제별로 표시하였습니다. 참고하면서 풀어 주세요.

② 문제를 다 풀었으면「해답 · 해설」을 보면서 정답을 맞춥니다. 틀린 부분은 확실히 복습해 주세요.

＊해설이나 부록의「시험에 나오는 중요 어구 · 문형 리스트」를 활용합시다.

③ 다음으로 채점표(별책 p.115~116)를 이용해 채점을 하고, 득점을 기입해 주세요. 득점 결과를 바탕으로 부족한 부분은 없는지 확인해 주세요. 점수가 낮은 과목이 있으면 중점적으로 학습합시다.

「일본어능력시험 N3」의 내용

❶ N3 레벨

일상적인 장면에서 사용되는 일본어를 어느 정도 이해할 수 있다.

읽기	• 일상적인 화제에 대해 쓰인 구체적인 내용을 나타내는 문장을 읽고 이해할 수 있다. • 신문 기사 제목 등에서 정보의 개요를 파악할 수 있다. • 일상적인 장면에서 볼 수 있는 난이도가 조금 높은 문장은 문장을 바꿔 제시하면 요지를 이해할 수 있다.
듣기	• 일상적인 장면에서 자연스러움에 가까운 속도의 체계적 내용의 회화를 듣고 이야기의 구체적인 내용을 등장인물의 관계에 맞춰 거의 이해할 수 있다.

❷ 시험과목과 시험시간

• 「언어지식(문법)」과 「독해」는 70분 안에 같은 문제용지, 같은 해답용지로 진행됩니다. 자신의 페이스로 문제를 풀게 되므로, 시간배분에 주의합시다.

	언어지식 (문자·어휘)	언어지식 (문법)·독해	청해
시간	30분	70분	45분

❸ 합격 판정

• 「종합득점」이 「합격점」에 도달하면 합격합니다. 확실하게 만점의 60~70%의 점수를 얻을 수 있도록 합시다.

• 「득점 구분 별 득점」에는 「기준점」이 설정되어 있습니다. 「기준점」에 도달하지 못하면, 「종합득점」에 관계없이 불합격됩니다. 부족한 과목을 만들지 않도록 합시다.

	언어지식 (문자·어휘·문법)	독해	청해	종합득점	합격점
득점 구분 별 득점	0~60점	0~60점	0~60점	0~180점	90점
기준점	19점	19점	19점		

❹ 일본어능력시험 N3의 구성

			큰 문제	문항 수	내용
언어지식(30분)		1	漢字読み	8	한자로 쓰인 어휘의 읽는 법을 묻는다.
		2	表記	6	히라가나로 쓰인 어휘가 한자로 어떻게 쓰이는지 묻는다.
		3	文脈規定	11	문맥에 따라 의미적으로 규정된 말이 무엇인지 묻는다.
		4	言い換え類義	5	출제어와 의미적으로 가까운 말이나 표현을 묻는다.
		5	用法	5	출제어가 문장 안에서 어떻게 쓰이는지를 묻는다.
언어지식·독해(70분)	문법	1	文の文法1（文法形式の判断）	13	글의 내용에 맞는 문법형식인지 아닌지를 판단할 수 있는지 묻는다.
		2	文の文法2（文の組み立て）	5	나열된 단어로 의미가 통하는 문장을 만들 수 있는지를 묻는다.
		3	文章の文法	5	문장의 흐름에 맞는 글인지 아닌지를 판단할 수 있는지 묻는다.
	독해	4	内容理解（短文）	4	생활·일 등 다양한 화제를 포함한 설명문이나 지시문 등 150~200 정도의 지문을 읽고 내용을 이해할 수 있는지를 묻는다.
		5	内容理解（中文）	6	새로 쓴 해설, 에세이 등 350자 정도의 지문을 읽고 키워드나 인과관계 등을 이해할 수 있는지를 묻는다.
		6	内容理解（長文）	4	해설, 에세이, 편지 등 550자 정도의 지문을 읽고 키워드나 인과관계 등을 이해할 수 있는지를 묻는다.
		7	情報検索	2	광고, 팸플릿 등의 새로 쓴 정보소재(600자 정도) 속에서 필요한 정보를 찾아낼 수 있는지를 묻는다.
청해(45분)		1	課題理解	6	논지가 명쾌한 지문을 듣고 내용을 이해할 수 있는지(다음에 무엇을 하는 것이 적당한지 이해할 수 있는가)를 묻는다.
		2	ポイント理解	6	논지가 명쾌한 지문을 듣고 내용을 이해할 수 있는지(포인트를 집으며 들을 수 있는가)를 묻는다.
		3	概要理解	3	논지가 명쾌한 지문을 듣고 내용을 이해할 수 있는지(지문 전체에서 화자의 의도나 주장을 이해할 수 있는가)를 묻는다.
		4	発話表現	4	일러스트를 보면서 상황설명을 듣고 적절한 발화를 고를 수 있는 지를 묻는다.
		5	即時応答	9	질문 등의 짧은 발화를 듣고 적절한 응답을 고를 수 있는지를 묻는다.

＊ 문항 수는 예상 숫자로 실제와 다를 수 있습니다. 본책에서는 국제교류기금 편저『日本語能力試験 公式問題集 N3』(2012年、凡人社)의 내용을 참고로 구성하였습니다.
に ほん ご のうりょく し けん こうしきもんだいしゅう

시험에 관련된 최신 정보는 일본어능력시험 공식 홈페이지(☞http://www.jlpt.or.kr)에서 확인하세요.

N3 각 문제의 패턴과 해답 포인트

언어지식 (문자 · 어휘)

問題(もんだい) 1 【漢字読み(かんじよ)】 → 한자의 올바른 읽기를 고른다.

자주 나오는 문제・어구

- 어려운 훈독(예 補(おぎな)う、逆(さか)さま)
- 장음인지 아닌지(예 郵送(ゆうそう)－輸送(ゆそう)　商店(しょうてん)－書店(しょてん))
- 촉음이 있는지 없는지(예 学校(がっこう)－学生(がくせい)　特急(とっきゅう)－特例(とくれい))
- 탁음이나 반탁음이 붙는지(예 状態(じょうたい)－招待(しょうたい)　文法(ぶんぽう)－方法(ほうほう))
- 「한자＋한자」로 음의 변화가 있는지 없는지(예 食器(しょっき)－食事(しょくじ)　神社(じんじゃ)－会社(かいしゃ)　新品(しんぴん)－商品(しょうひん))

★ 틀렸다고 생각되는 것은 바로 지우고 남은 것 중에서 답을 찾도록 하자. 평소부터 훈독에 주의.

問題(もんだい) 2 【表記(ひょうき)】 → 히라가나 부분의 올바른 한자를 고른다.

자주 나오는 문제・어구

- 음독은 부수나 음이 비슷한 글자에 주의(예 けんせつ－1 建説　2 健説　3 建設　4 健設)
- 훈독은 모양이나 의미가 비슷한 한자에 주의(예 洗　流　注　汚)

問題(もんだい) 3 【文脈規定(ぶんみゃくきてい)】 → 문장에 맞는 어휘를 고른다.

자주 나오는 문제・어구

- 비슷하지만 의미가 다른 어휘(예 見学(けんがく)－見物(けんぶつ)　会(あ)う－合(あ)う)
- 같은 한자를 포함한 어휘, 모양이 비슷한 어휘(예 検査(けんさ)－検討(けんとう))
- 관용 표현(예 目(め)が回(まわ)る＝매우 바쁜 모양)

問題(もんだい) 4 【言(い)い換(か)え類義(るいぎ)】 → 의미가 거의 비슷하여 바꿔 쓸 수 있는 말을 고른다.

★ 조금 어려운 어휘의 의미 등에 대한 문제. 특히 가타카나 어휘에 주의.

問題(もんだい) 5 【用法(ようほう)】 → 문장 속에서 올바르게 사용된 것을 고른다.

자주 나오는 문제・어구

- 앞뒤 말과의 연결이 올바른가
- 사용된 장면이 적절한가

언어지식 (문법)

問題 1 【文の文法１（文法形式の判断）】 → 문장에 맞는 문형을 고른다.

★ 앞 단어와의 연결이 올바른지, 뒤에 연결되는 내용이 맞는지가 포인트. 의미와 접속 형태 모두 주의한다.

問題 2 【文の文法２（文の組み立て）】 → 나열된 단어를 재배열하여 문장을 완성시킨다.

★ 재배열 했을 때 ＿★＿ 부분에 오는 말(⇒정답 번호)을 틀리지 않도록 주의.

문제 예

つぎの文の＿★＿に入る最もよいものを、１・２・３・４の中から一つ選びなさい。

パーティーに ＿＿＿ ＿＿＿、＿★＿ ＿＿＿ 決めていない。

１ 着て　２ まだ　３ 行くか　４ 何を

풀이 방법

パーティーに ＿何を＿ ＿着て＿、＿行くか＿ ＿まだ＿ 決めていない。

(정답 : 3)

問題 3 【文章の文法】 → 문장을 읽고 문법적으로 맞는 말을 넣는다.

문제 예

つぎの文章を読んで、文章全体の内容を考えて、[19]から[23]の中に入る最もよいものを、１・２・３・４から一つ選びなさい。

近年、EU を中心に、動物実験に反対する動きが世界的に広がっている。先日も、さくら化粧品が、今後は動物実験を行わないと発表した。これは、EU で、動物実験をした製品の販売が禁止になることに対応したものだ。さくら化粧品[19]、現在では、動物実験をしなくても、人体への影響や効果をかなり正確につかめるようになっているそうだ。技術の進歩は人間のためだけではいけない。今回の例からも、[20]そう思った。・・・(以下略)

[19]

１ に対して　２ によると　３ として　４ とともに

[20]

１ しかし　２ なぜなら　３ あらためて　４ とりあえず

(정답 : [19] 2 [20] 3)

독해

독해 문제 공통 포인트

1 지시어(これ、それ、あの～、そんな～、など)의 내용을 파악한다.
2 글의 마지막 부분에 주의한다.
3 접속사(だから、しかし、また、など)에 주의하면서, 글의 흐름을 파악한다.
4 다른 말로 표현하고 있는 것, 반복해서 말하고 있는 것은 중요.
5 부정하거나 의문을 말한 뒤나 역접의 접속사(しかし、ところが、など) 뒤에는 자신의 의견이나 생각을 서술하는 경우가 많다.
6 중요한 곳이나 잘 모르는 곳에 동그라미를 치거나 밑줄을 그으면서 읽는다.

問題(もんだい) 4 【内容理解(ないようりかい)（短文(たんぶん)）】 → 150~200자 정도의 글을 읽고 내용을 이해할 수 있는지를 묻는다.

자주 나오는 문제・어구

- 筆者(ひっしゃ)が最(もっと)も言(い)いたいことは何(なに)か
- 筆者(ひっしゃ)の考(かんが)えに合(あ)うのはどれか
- 筆者(ひっしゃ)は(何(なに)が/どのように/どんな…)考(かんが)えているか

★문장의 주제(주된 테마)를 파악한다.

問題(もんだい) 5 【内容理解(ないようりかい)（中文(ちゅうぶん)）】 → 350자 정도의 글을 읽고 이유나 원인, 필자의 생각 등을 이해할 수 있는지를 묻는다.

자주 나오는 문제・어구

- …理由(りゆう)/原因(げんいん)は何(なに)か(～はどうして…か)
- …たのはなぜか
- ○○○とはどういう意味(いみ)か／(ここでの)○○○とは何(なに)か
- 筆者(ひっしゃ)の考(かんが)えによると…何(なに)か
- ～について筆者(ひっしゃ)が最(もっと)も言(い)いたいことは何(なに)か

★ ① 지시어(それ、そのように、このこと、…)의 내용을 파악한다 → 직전 혹은 조금 앞에 지시어의 내용이 있는 경우가 많다.
② 밑줄의 내용에 대해서는, <표현은 다르지만 같은 것을 말하고 있는 부분><앞 부분에서 제시된 구체적인 예>에 주목한다.

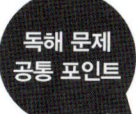

問題(もんだい) 6 【長文(ちょうぶん)（内容理解(ないようりかい)）】→ 550자 정도의 문장을 읽고 전체적으로 주요한 내용이나 생각을 이해할 수 있는지를 묻는다.

자주 나오는 문제・어구

- 신문 기사나 에세이 등
- 사회・인생・문명・역사・예술 등을 테마로 한 것

★ 의견이나 생각이 나오는 부분(～ではないか、～と思(おも)う、～気(き)がする 등)에 주의한다.

問題(もんだい) 7 【情報検索(じょうほうけんさく)】→ 정보소재(600자 정도) 속에서 필요한 정보를 찾을 수 있는지를 묻는다.

자주 나오는 문제・어구

- 광고
- 팸플릿(상품이나 서비스)
- 게시물(이벤트 안내・모집 등)
- 정보지(구인・부동산 등)
- 비즈니스 문서

★ 시간이나 장소, 방법, 조건 등 자주 사용되는 어구를 파악해 두자.

청해

청해 문제 공통 포인트

1 음성은 한 번밖에 들을 수 없으므로, 한 문제 한 문제 집중해서 듣는다.
2 답이 헷갈려도 거기에 시간을 들이지 않는다(→ 다음 문제에 집중할 수 없게 된다).
3 질문을 확실히 듣는다.
4 주어(○○は、○○が)나 목적어(○○を)등, 회화에서는 생략되는 경우가 많으니 주의한다.

問題(もんだい) 1 【課題理解(かだいりかい)】 → 두 사람의 회화를 듣고 내용을 이해할 수 있는지를 묻는다.

흐름

① 문제를 듣는다
② 선택지를 본다
③ 설명과 질문(첫 번째)을 듣는다
④ 회화를 듣는다
⑤ 질문(두 번째)를 듣는다 → 답을 고른다

자주 나오는 문제・어구

- ～はこの後(あと)、どうしますか。
- ～は何(なに)をしなければなりませんか。

★ 무엇이 필요한지 주의해서 듣는다. 상대방이 말한 것에 대해 「それは必要(ひつよう)ない、必要(ひつよう)なくなった」, 「それもそうだけど…」 등으로 받는 경우가 많다.

問題(もんだい) 2 【ポイント理解(りかい)】 → 두 사람의 대화 또는 한 사람의 스피치 등을 듣고 포인트를 파악할 수 있는지를 묻는다.

흐름

① 문제를 듣는다
② 선택지를 가볍게 본다
③ 설명과 질문(첫 번째)을 듣는다
④ 선택지를 본다(약 20초)
⑤ 회화를 듣는다
⑥ 질문(두 번째)을 듣는다 → 답을 고른다

자주 나오는 문제・어구

- ～は 「何(なに)が/何(なに)を/どのように/どうして…」と言(い)っていますか。
- 「最(もっと)も～は何(なん)だ/どこだ」と言(い)っていますか。

★ 처음에 들은 질문을 머리속에 두고 회화를 듣는다. 누구에 대한 것인지(남자인지 여자인지, 점원인지 손님인지 등)도 착각하지 않도록 주의한다.

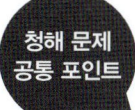

問題 3 【概要理解】 → 한 사람 혹은 두 사람의 회화를 듣고, 주요 내용을 이해할 수 있는지는 묻는다.

흐름

* 선택지는 문제지에 인쇄되어 있지 않음.

① 설명을 듣는다
② 이야기를 듣는다
③ 질문을 듣는다
④ 선택지를 듣는다 → 답을 고른다

자주 나오는 문제・어구

- ～は何について話していますか。
- 話のテーマは何ですか。／どのようなテーマで話していますか。
- ～はどう考えていますか。

★ 「무엇에 대한 것인가」 「무엇이 테마인가」 「무엇을 말하고자 하는가」를 머리속에 두고 듣는다. (자세한 내용은 중요하지 않다)

問題 4 【発話表現】 → 그림을 보면서 상황 설명을 듣고, 그것에 맞는 표현을 고를 수 있는지를 묻는다.

흐름

① 그림을 본다
② 상황 설명과 질문을 듣는다
③ 선택지를 듣는다 → 답을 고른다

자주 나오는 문제・어구

- ～ませんか。
- ～ましょうか。
- ～てくれませんか。
- ～てください。
- ～てもいい／～てはいけない。
- ～たほうがいい。

★ 선택지는 10～15자 정도의 짧은 문장. ← 문장 끝 부분에 주의. 상대방에 대해 어떤 기능을 가진 표현인가 (부탁, 제안, 감사 등)가 포인트.

問題 5 【即時応答】 → 상대방의 짧은 질문이나 인사 등에 대해, 그것에 맞는 대답을 고를 수 있는지를 묻는다.

흐름

① 하나의 짧은 회화 중, 먼저 말하는 쪽을 듣는다
② 선택지(회화의 뒤쪽)을 듣는다 → 답을 고른다

자주 나오는 문제・어구

- 大丈夫です。
- 結構です。
- ～て(も)いい。
- ～ておく／～とく
- ～てくれませんか。／～てもらえませんか。

★ 선택지는 8～12자 정도의 짧은 문장. 소리를 듣기만하면 전부 정답처럼 생각되므로 주의. 전부 듣고 나서 고르는 것이 아니라, 하나 하나에 대해 맞는지 틀린지를 체크한다. ×나 ○, △등을 표시해도 좋다.

모의고사 제1회 정답 · 해설

정답

언어지식 (문자 · 어휘)

問題1	
1	4
2	2
3	1
4	4
5	2
6	3
7	4
8	2

問題2	
9	3
10	1
11	3
12	2
13	4
14	1

問題3	
15	1
16	3
17	1
18	2
19	4
20	2
21	3
22	1
23	3
24	2
25	4

問題4	
26	4
27	2
28	4
29	2
30	3

問題5	
31	2
32	2
33	1
34	3
35	4

언어지식 (문법) · 독해

問題1	
1	2
2	1
3	4
4	3
5	2
6	3
7	2
8	3
9	4
10	1
11	4
12	4
13	1

問題2	
14	2
15	2
16	1
17	1
18	2

問題3	
19	4
20	4
21	1
22	4
23	2

問題4	
24	2
25	4
26	3
27	3

問題5	
28	1
29	3
30	2
31	4
32	4
33	2

問題6	
34	4
35	2
36	2
37	4

問題7	
38	2
39	4

청해

問題1	
例	1
1	3
2	3
3	4
4	2
5	1
6	3

問題2	
例	1
1	1
2	4
3	3
4	2
5	1
6	4

問題3	
例	2
1	3
2	1
3	3

問題4	
例	1
1	2
2	1
3	3
4	3

問題5	
例	2
1	2
2	1
3	3
4	1
5	3
6	3
7	1
8	2
9	2

※해설에서는 「주요어휘」에 N3 레벨의 어휘를 싣고, 체크박스(□)를 붙였습니다. 설명을 위해 사용한 일부 어려운 어휘에는 △가 붙어 있습니다.

언어지식 (문자・어휘)

問題(もんだい) 1

1 정답 4

□ **天然**(てんねん) : 천연

▶ □**天**＝テン

㉦ 天気(てんき)

▶ □**然**＝ゼン／ネン

㉦ 自然(しぜん)

2 정답 2

□ **親しい**(した) : 친하다

▶ □**親**＝シン／したーしい、おや

㉦ 両親(りょうしん)、親子(おやこ)

오답해설 1 険しい(けわ)　3 詳しい(くわ)　4 悔しい(くや)

3 정답 1

□ **岸**(きし) : 물가, 해안, 벼랑

▶ □**岸**＝ガン／きし

㉦ 海岸(かいがん)、川岸(かわぎし)

오답해설 2 陸(りく)　3 土地(とち)　4 谷(たに)

4 정답 4

□ **提出**(ていしゅつ) : 제출

▶ □**提**＝テイ

㉦ 提案(ていあん)(する) (제안)、提供(ていきょう)(する) (제공)

▶ □**出**＝シュツ／だーす、でーる

㉦ 出場(しゅつじょう)(する)、出発(しゅっぱつ)(する)、声(こえ)を出(だ)す、元気(げんき)を出(だ)す、大学(だいがく)を出(で)る、結果(けっか)が出(で)る

5 정답 2

□ **比べる**(くら) : 비교하다

▶ □**比**＝ヒ／くらーべる

㉦ どっちが重(おも)いか比(くら)べてみる。

오답해설 1 並(なら)べて　3 調(しら)べて　4 選(えら)べて

6 정답 3

□**乗客**(じょうきゃく) : 승객

▶ □**乗**＝ジョウ／のーる、のーせる

㉦ 乗員(じょういん)(승무원)、乗(の)り物(もの)

▶ □**客**＝キャク

㉦ 観客(かんきゃく)(관객)、映画館(えいがかん)の客席(きゃくせき)

7 정답 4

□ **都会**(とかい) : 도시

▶ □**都**＝ト・ツ／みやこ

㉦ 都市(とし)(도시)、都合(つごう)(형편)

▶ □**会**＝カイ／あーう

㉦ 会議(かいぎ)(회의)、歓迎会(かんげいかい)(환영회)、研究会(けんきゅうかい)(연구회)、会員(かいいん)(회원)、会費(かいひ)(회비)、会場(かいじょう)(회장, 행사장)

8 정답 2

□ **肌**(はだ) : 피부

▶ □**肌**＝はだ

㉦ 肌(はだ)が荒(あ)れている。

오답해설 1 皮膚(ひふ)(피부)　3 脳(のう)(뇌)　4 腰(こし)(허리)

問題2

9 정답 3

□ **金額**(きんがく)：금액

▶ □**金**＝キン／かね

예 貯金(ちょきん)(する)、現金(げんきん)(현금)、借金(しゃっきん)(する)、税金(ぜいきん)

▶ □**額**＝ガク／ひたい

예 半額(はんがく)セール、一度(いちど)に全額払(ぜんがくはら)う。

10 정답 1

□ **捨(す)てる**：버리다

▶ □**捨**＝シャ／す－てる

예 古(ふる)い新聞(しんぶん)を捨(す)てる。

11 정답 3

□ **検査(けんさ)**(する)：검사

▶ □**検**＝ケン

예 検索(けんさく)(する)(검색)

▶ □**査**＝サ

예 調査(ちょうさ)(する)(조사)

12 정답 2

□ **賢(かしこ)い**：현명하다

▶ □**賢**＝ケン／かしこ－い

예 賢(かしこ)い子(こ)ども、賢(かしこ)いやり方(かた)

13 정답 4

□ **涙(なみだ)**：눈물

▶ □**涙**＝ルイ／なみだ

예 涙(なみだ)を流(なが)す、涙(なみだ)が出(で)る

14 정답 1

□ **通過(つうか)**：통과

▶ □**通**＝ツウ／とお－る

예 交通(こうつう)、通信(つうしん)、通話(つうわ)、通学(つうがく)、通(とお)り、大通(おおどお)り

▶ □**過**＝カ／す－ぎる

예 日本(にほん)に来(き)て2か月(げつ)が過(す)ぎた。

問題3

15 정답 1

□ **動(うご)き**：움직임

예 今日(きょう)は雲(くも)の動(うご)きが速(はや)い。

오답해설

2 **働(はたら)き**：기능, 일

예 胃(い)の働(はたら)き、社員(しゃいん)の働(はたら)き

3 **行(い)き**：감, 목적지를 향해 감

예 行(い)きの飛行機(ひこうき)が遅(おく)れた。

4 **戻(もど)り**：되돌아감, 복귀

예 外出(がいしゅつ)するときは、行(い)き先(さき)と戻(もど)りの時間(じかん)をここに書(か)いてください。

16 정답 3

□ **アップ**(する)：업, 상승, 인상 영 up

예 先月(せんげつ)より売(う)り上(あ)げがアップした。

오답해설

1 **トップ**：톱, 선두 영 top

예 この分野(ぶんや)のトップをめざす。

2 **チェック(する)**：체크 영 check

예 資料(しりょう)をチェックする。

4 **カット(する)**：커트, 삭감 영 cut

예 予算(よさん)をカットする。

17 **정답 1**

□ (相談(そうだん)に)乗(の)る : 상담을 하다, 상담에 응하다

㉥ 友達(ともだち)の相談(そうだん)に乗(の)る。

오답해설

2 **聞(き)く** : 듣다 ㉥ 相談(そうだん)を聞(き)く。

3 **会(あ)う** : 만나다 ㉥ 上司(じょうし)と会(あ)う。

4 **受(う)ける** : 필요받다, 응하다 ㉥ 相談(そうだん)を受(う)ける。

18 **정답 2**

□ **発表(はっぴょう)(する)** : 발표

㉥ A社(しゃ)が新製品(しんせいひん)を発表(はっぴょう)した。

오답해설

1 **研究(けんきゅう)(する)** : 연구 ㉥ アジア文化(ぶんか)を研究(けんきゅう)する。

3 **講義(こうぎ)(する)** : 강의 ㉥ 大学(だいがく)で講義(こうぎ)する。

4 **表現(ひょうげん)(する)** : 표현 ㉥ 気持(きも)ちを表現(ひょうげん)する。

19 **정답 4**

□ **いきなり** : 갑자기

㉥ 会議中(かいぎちゅう)、いきなり社長(しゃちょう)が立(た)ち上(あ)がった。

오답해설

1 **しばらく** : 잠깐

㉥ しばらくお待(ま)ちください。

2 **なるべく** : 가능한 한

㉥ なるべく早(はや)くお返事(へんじ)します。

3 **とにかく** : 어쨌든

㉥ とにかくやってみよう。

20 **정답 2**

□ **激(はげ)しい** : 심하다

㉥ 元気(げんき)になったけど、激(はげ)しい運動(うんどう)はまだできない。

오답해설

1 **つらい** ㉥ 辛(つら)い別(わか)れ(괴로운 이별)

3 **するどい** ㉥ 鋭(するど)いナイフ(날카로운 칼)

4 **おそろしい** ㉥ 恐(おそ)ろしい体験(たいけん)(무서운 체험)

21 **정답 3**

□ **しっかり(する)** : 견실한 모양, 똑똑히, 착실히

㉥ まだ小学生(しょうがくせい)なのに、この子(こ)はしっかりしている。

오답해설

1 **すっかり**

㉥ 5年(ねん)の間(あいだ)に、街(まち)の様子(ようす)がすっかり変(か)わっていた。
(5년 사이에 거리의 모습이 완전히 변했다.)

2 **うっかり**

㉥ 電話(でんわ)するのをうっかり忘(わす)れた。
(전화하는 것을 깜빡 잊었다.)

3 **そっくり**

㉥ その男(おとこ)の子(こ)は、母親(ははおや)にそっくりだった。
(그 남자아이는 엄마를 꼭 닮았다.)

22 **정답 1**

□ **剃(そ)る** : 깍다, 면도하다

㉥ 頭(あたま)を剃(そ)る

오답해설

2 **取(と)る** ㉥ めがねを取(と)る。(=はずす)

3 **刈(か)る** ㉥ 草(くさ)を刈(か)る。(풀을 베나)

4 **折(お)る** ㉥ 枝(えだ)を折(お)る。(나뭇가지를 꺾다),
紙(かみ)を2つに折(お)る。(종이를 둘로 접다.)

23 **정답 3**

□ **~者(しゃ)** : ~하는 사람, ~인 사람

㉥ 参加者(さんかしゃ)、欠席者(けっせきしゃ)、担当者(たんとうしゃ)、経営者(けいえいしゃ)、新聞記者(しんぶんきしゃ)、雑誌(ざっし)の読者(どくしゃ)、高齢者(こうれいしゃ)(≒老人(ろうじん))、科学者(かがくしゃ)

오답해설

1 **家**：~가

㉮ 画家(화가)、作家(작가)、芸術家(예술가)、政治家(정치가)

2 **人**：~인

㉮ 案内人、役人(공무원)、職人(장인)

4 **員**：~원

㉮ 社員、店員、駅員、事務員、会員、委員(위원)

24 정답 **2**

☐ **仲間**：동료, 친구, 멤버

㉮ 一緒に働く仲間を募集している。

오답해설

1 **年上**：연상

㉮ 彼は２歳年上の女性と結婚した。

3 **親友**：친구, 벗

㉮ 彼は子どもの頃からの親友だ。

4 **同僚**：동료

㉮ 会社の同僚

25 정답 **4**

☐ **平気**(な)：태연함, 아무렇지도 않음

㉮ 彼女は平気で約束を破る。
(그녀는 태연하게 약속을 지키지 않는다.)

오답해설

1 **人気**

㉮ この歌手は人気がある。(이 가수는 인기가 있다.)

2 **勇気**

㉮ 勇気がなくて、意見が言えない。
(용기가 없어서 의견을 말할 수 없다.)

3 **本気**

㉮ 本気でダイエットをしている。
(진심으로 다이어트를 하고 있다.)

問題４

26 정답 **4**

☐ **歴史**：역사

㉮ 日本の歴史と文化

27 정답 **2**

☐ **たっぷり**：듬뿍, 많이

㉮ 弟はコーヒーに砂糖をたっぷり入れる。

28 정답 **4**

☐ **不満**：불만

㉮ 今の仕事に不満はない。

29 정답 **2**

☐ **退屈**(な/する)：지루함

㉮ 退屈な映画

30 정답 **3**

☐ **取り消す**：취소하다

㉮ 大臣は発言を取り消した。

問題５

31 정답 **2**

☐ **入力**(する)：입력

㉮ パスワードを入力してください。

오답해설 1, 3 力を入れる、4 入れる 등이 적당.

제1회 제2회 제3회 문자·어휘 문법 독해 청해

32 **정답 2**

□ **付(つ)き合(あ)う**：(행동을) 같이하다, 사귀다

예 友達(ともだち)に付(つ)き合(あ)って、バーゲンに行(い)った。

오답해설 1 会(あ)う、3 出席(しゅっせき)する、4 合(あ)う 등이 적당.

33 **정답 1**

□ スペース：공간 영 space

예 本棚(ほんだな)には、もうほとんどスペースがない。

오답해설 2 ペース(속도) 3, 4 時間(じかん) 등이 적당.

34 **정답 3**

□ **まぶしい**：눈부시다

예 向(む)こうから来(く)る車(くるま)のライトがまぶしくて、前(まえ)が見(み)えない。

오답해설 1 明(あか)るく、 2 明(あか)るい、 4 きれいに 등이 적당.

35 **정답 4**

□ **雇(やと)う**：고용하다

예 これからもっと忙(いそが)しくなるので、アルバイトを雇(やと)ったほうがいい。

오답해설 1 働(はたら)ける、 2 応募(おうぼ)して、 3 辞(や)めさせられた 등이 적당.

언어지식 (문법) · 독해

문법

問題 1

1 정답 2

□ **～うちに**：~하는 동안에

예 聞いたら、忘れないうちに書いておいて。

오답해설

1 寝ているあいだに財布をとられた。

3 日曜日に限り２割引きです。
にちようび　かぎ　　わりび

4 母の代わりに私が弟を病院に連れて行った。

2 정답 1

□ **～たところ**：~했더니

예 本の通りに作ってみたところ、おいしかった。（＝作ってみたら）

오답해설

2 出来たてで、すごくおいしい。(=갓 나온)

3 いくら安いといったって、こんなに古いギターは買いたくない。(=아무리 싸도)

4 できたばかりの店に入った。(=생긴지 얼마 안 된)

3 정답 4

□ **～のに**：~인데

예 予報では晴れると言っていたのに、降ってきた。（＝言っていたが、それに反して）

오답해설

1 頭が痛いから、今日は休む。
あたま　いた　　　　　きょう　やす

2 雪のために電車が遅れた。

3 男性にしては指が細い。(=치고는)

4 정답 3

□ **～ため**：~하기 위해

예 試験に合格するため、毎日勉強している。
しけん　ごうかく　　　　　まいにちべんきょう
(=합격하는 것을 목표로)

오답해설

1 約束は守るべきだ。(=지키는 것이 당연하다)

2 約束したから、来るはずだ。(=분명히 올 것이다)

4 遅刻したのは雪のせいだ。(=눈이 원인이다)

5 정답 2

□ **～っぱなし**：~한 채

예 昨日から電気がつけっぱなしだ。（＝つけたまま）

오답해설

1 玄関の電気はもうつけてある。

3 毎晩夜7時に玄関の電気をつけている。
まいばんよる　じ　げんかん　でんき

4 父が帰ってくるまで電気をつけておく。

6 정답 3

□ **～さえ**：~만

예 この問題さえできれば、宿題は終わる。
もんだい　　　　　　しゅくだい　お
（＝ほかはいいとして、この問題だけ）

오답해설

1 これこそ 私が欲しかった車だ。(=이것이야말로)

2 薬で熱を下げる。

4 熱だけでなく頭痛もする。

7 정답 2

□ **~はずがない**：~일리가 없다

예 こんな難しい問題、できるはずがない。

오답해설

1 引き受けたんだから、やるしかない。
(=할 수밖에 없다)

3 一応賛成したが、すべてを認めたわけじゃない。(=인정한 것은 아니다)

4 高いからと言って、おいしいとはかぎらない。 (=꼭 맛있다고 할 수는 없다)

8 정답 3

□ **召し上がってください**：드세요

예 どうぞ、ゆっくり召し上がってください。

오답해설

1 早く食べなさい。遅刻するわよ。

9 정답 4

□ **休ませていただきます**：쉬겠습니다

예 お正月の３日間は店を休ませていただきます。

오답해설

1 先輩、これから用事があるので、練習を休んでもいいでしょうか。

2 息子は先週から熱が下がらないので、学校を休ませています。

10 정답 1

□ **~ばかり**：~뿐, 만

예 毎日テストばかりでいやになる。
（＝ほかはなく、テストまたテストで）

오답해설

2 彼ほど親切な人はいない。
(=그 사람만큼 친절한 사람은 없다)

3 女性にかぎらず、最近は男性もダイエットをするそうだ。(=여성 뿐만 아니라)

4 ダイエットの方法をめぐって意見が交わされている。(=방법을 둘러싸고)

11 정답 4

□ **~ておいた**：~해 놓은

예 ここにかけておいた帽子がない。
（＝かけた状態にしていた）

오답해설

1 お弁当をカバンに入れて、出かける。

2 お弁当を持ってくる学生は少ない。

3 お弁当はいつもカバンに入れている。

12 정답 4

□ **~ように言われた**：(나에게) ~하라고 했다

예 身分証を持ってくるように言われた。

오답해설

1 このトイレは自動的にふたが開くようになっている。（＝という作り・決まりだ）

2 食器洗い機は便利なように感じるが、そうでもない。

3 食事の前には手を洗うようにと言われた。

13 정답 1

□ **~てほしいね**：~해줬으면 좋겠어

예 読みやすい字で書いてほしいね。

오답해설

2 これからは大きく書くことにするね。
(=쓰기로 정했다)

3 何回言ってもきれいに書いてくれないね。

4 こんなところにメモを書くわけにはいかないね。(=쓰는 것은 용납할 수 없다)

問題 2

14 정답 2

$_3$公園の $_1$桜は $_2$３月末から $_4$４月上旬 にかけてきれいに咲きます。

15 정답 2

$_4$料理の $_3$本に $_2$書いてある $_1$とおりに 作ったが、うまくできなかった。

16 정답 1

$_4$虫の音 $_2$に加えて $_1$川の流れる $_3$音も聞こえて、とても心が落ち着く。

17 정답 1

近所づきあいが、$_4$生活する $_3$うえで $_1$どんなに $_2$大切なものか、よくわかった。

18 정답 2

この問題 $_3$は $_4$考えれば $_2$考える $_1$ほど 分からなくなる。

問題 3

19 정답 4

점원은 필자인 「私」에게서 멀어졌다가, 다시 「私」가 있는 곳으로 왔으므로, 「私」 쪽으로의 이동을 나타내는 「～てくる」의 표현이 들어간다.

오답해설

1 예 来週の火曜日に出張から戻る予定だ。
2 예 急いで会社に戻ろうとしたが、電車がなかなか来なかった。
3 예 １時から会議だから、急いで会社に戻ろう。

20 정답 4

「私」가 생각했던 것과는 다른 행동을 점원이 했으므로 상황의 변화를 나타내는 말이 들어간다.

오답해설

1 예 私の父の父、つまり祖父は106歳です。
2 예 祖父は106歳、そして祖母は102歳です。
3 예 はじめに乾杯をして、それから 私が挨拶をします。

21 정답 1

「初めてだった応対」가 어땠는지는 이 문장의 앞에 쓰여있다. → 바로 앞 문장을 가리키는 말이 들어간다.

오답해설

2 예 女性に対して、あのような応対は許されない。
3 예 A「どうしたの？ 何かあったの？」
B「さっき、あの店の応対がひどかったんだよ」
4 예 電話した時、この店の応対はあまりよくなかった。

22 정답 4

가게(A)는 손님(B)을 만족시켜야 하기 때문에 사역형 「AがBに～させる」가 되고, 또한, A의 의사를 나타내는 표현이 들어간다.

오답해설

1 예 息子は十分がんばったから、この成績で満足しよう。
2 예 この成績なら、親を満足させられる。
3 예 この結果に私は満足している。

23 정답 2

「～今では普通になってしまって」「特別のサービスとは～」라며, 서비스에 대한 기분의 변화를 기술하고 있으므로, 변화를 나타내는 표현이 들어간다.

오답해설

1 예 日(ひ)によって、痛(いた)みを感(かん)じたり感(かん)じなかったりする。(=느끼거나 느끼지 않을 때가 있다)

3 예 日本(にほん)を感(かん)じさせられる部屋(へや)だった。(=자연스럽게 느끼다)

4 예 一回使(いっかいつか)ってみれば、ほしいと感(かん)じるに違(ちが)いない。(=분명 느낄 것이다)

독해

問題(もんだい)4 (短文(たんぶん))

(1)「회의 공지」

24 정답 2

「4月6日(がつむいか)までに」「会議(かいぎ)に参加(さんか)できる日(ひ)(=都合(つごう)の良(よ)い日(ひ))をあわせてお知(し)らせください」라고 쓰여있다. 「あわせて」는 '출석할 수 있는지 없는지의 답변과 함께'라는 의미.

오답해설

1→ 첫 번째 회의가 4월 20일의 회의이다.

3, 4→「市民会館(しみんかいかん)へ行(い)く」「アイデアをメールで送(おく)る」라고는 거론하고 있지 않음.

주요어휘

☐ 参加(さんか)(する):참가

☐ 内容(ないよう):내용

☐ アイデア:아이디어

☐ 都合(つごう):형편, 사정

(2)「헌책 수집 알림」

25 정답 4

대상이 되는 책(수집하고 있는 책)의 종류와「ご協力(きょうりょく)くださる方(かた)は~」라는 문장에 주목한다.「古本(ふるほん)をお持(も)ちになり、ボランティアセンターへお越(こ)しください」라고 되어있다.

오답해설

1→ '돈을 보낼 것'은 부탁하고 있지 않음.

2→「教科書(きょうかしょ)」「古本(ふるほん)バザーの会場(かいじょう)へ」가 없음.

3→ '가져와주길 바란다'고 부탁하고 있음.

주요어휘

☐ 自宅(じたく):자택

☐ 販売(はんばい)(する):판매

☐ 売(う)り上(あ)げ:매상

☐ 寄付(きふ)(する):기부

☐ 協力(きょうりょく)(する):협력

☐ かまわない:상관없다

☐ 対象(たいしょう):대상

☐ 書籍(しょせき):서적

△ カタログ:카탈로그

△ フリーペーパー:무료 신문, 무료 잡지

(3)「과자 주문」

26 정답 3

본문은 '급히 포장을 하고 싶은 선물이 있어서 꽃집에 부탁했더니 해주었다'라는 내용.

오답해설

1, 4→ '무료', '인터넷으로 주문한 것'이「助(たす)かった」는 아님.

2→ '새로운 상품을 보내주었다'고는 쓰여있지 않음.

주요어휘

☐ 贈(おく)り物(もの):선물

☐ ラッピング:포장

☐ 駆(か)け込(こ)む:뛰어 들어가다

☐ 事情(じじょう):사정

△ お代(だい):대금

☐ 笑顔(えがお):웃는 얼굴

☐ 感激(かんげき)(する):감격

☐ 助(たす)かる:(피해 등을) 면하다, 도움이 되다

(4)「공감각」

27 정답 3

「赤ちゃんのころは誰でも共感覚を持っている」「成長すると失われていく (=성장하면 잃어버린다)」가 포인트.
「それを知る」의「それ」는 그들이「自分に必要なもので、失いたくない」라고 느끼는 것이다.

오답해설

1→「一部の大人には残ってしまう」라고 제시하므로「すべての人」와 맞지 않음.

2→「自分には必要なもの」라고 제시하므로「嫌だ」와 맞지 않음.

4→「人によって違い」라고 제시되어있음.

주요어휘

☐ 同時 : 동시

☐ 一部 : 일부

問題 5 (中文)

(1)「제철 식재료」

28 정답 1

「一年中スーパーで売られ」→계절의 차이가 없어져 제철을 알 수 없게 되었다는 것을 파악할 수 있다.

29 정답 3

다음 단락에 주목. 장점에 대해「まず」「また」「さらに」로 3가지가 쓰여있다. 또한, '온도 관리는 환경에 부담이 된다'고 쓰여있다.

오답해설

1→「さらに」의 뒤에 주목. 제철에 관계없이 재배하는 하우스 재배는 에너지를 대량소비함.

2→「また」의 뒤에 주목.

4→「まず…」「また…」의 내용에서 '몸에 좋은 점', 「さらに…」의 내용에서 '환경에 좋은 점'을 알 수 있음.

30 정답 2

마지막 단락에 주목.「旬を考えて食材を選ぶこと」를 권장하고 있다. 그것을 위해 앞의 단락에서 '제철 음식을 먹는 것의 장점'을 설명하고 있다.

오답해설

1→ 시기를 기억하는 것이 포인트가 아님.

3→ 일본의 식문화가 어떤지는 포인트가 아님.

4→ '맛을 보며 먹어야 한다'고는 하고 있지 않음.

주요어휘

☐ 四季 : 사계절

☐ ～ごとに : ~마다

☐ 代表的(な) : 대표적

☐ 消費者 : 소비자

☐ 時期 : 시기

☐ 収穫(する) : 수확

☐ 蓄える : 대비하다, 저장하다

☐ 当然 : 당연

☐ 栄養 : 영양

☐ 豊富(な) : 풍부

☐ 補う : 보충하다

☐ 管理(する) : 관리

☐ 負担(する) : 부담 (여기서는 '마이너스의 영향을 끼치는 것, 해가 되는 것'을 의미)

(2)「동아리 활동의 추억」

31 정답 4

바로 뒤의「～からだ」에 주목.「少しずつ自分が成長している実感があり」라고 쓰여있다.

오답해설

1, 2→「辞めたいと言えなかった」「辞めることが許されなかった」라고는 쓰여있지 않음.

3→ 이미 골인의 기쁨을 느낀 적이 있음.

32 정답 4

세 번째 단락에 주목.「試合(しあい)のメンバーから私(わたし)を外(はず)さず」→ 기회를 계속 주었다고 파악할 수 있다.

33 정답 2

네 번째 단락에 주목.「努力(どりょく)をする大切(たいせつ)さや人(ひと)を思(おも)いやる大切(たいせつ)さを学(まな)んだ」라고 쓰여있다. 그것은 이 사람이 언제나 잊지 않으려 하는 것이다.

오답해설

1, 4→「スポーツ」와「教師(きょうし)という仕事(しごと)」에 대해 어떻게 생각하고 있는가는 쓰여있지 않음.

3→「人(ひと)を思(おも)いやる大切(たいせつ)さ」는 말하고 있지만,「友達(ともだち)との付(つ)き合(あ)い方(かた)」는 말하고 있지 않음.

주요어휘

- ☐ ～部(ぶ)：～부 예 野球部(やきゅうぶ)、テニス部(ぶ)
- ☐ コーチ：코치
- ☐ グラウンド：그라운드, 운동장
- ☐ 叱(しか)る：혼내다
- ☐ 決(けっ)して～ない：결코 ~않다
- ☐ 耐(た)える：견디다
- ☐ 実感(じっかん)：실감
- ☐ 常(つね)に：항상

問題(もんだい) 6 (長文(ちょうぶん))

「배식 서비스」

34 정답 4

약 25%가 독신 고령자, 약 30%가 고령자 부부. 합쳐서 약 55% (=반수 이상) 가 아이나 손자와 살고있지 않는다.

오답해설

1→「3分(ぶん)の1」이 아니라「4分(ぶん)の1」.

2→「世界(せかい)で一番高(いちばんたか)くなった」라고는 쓰여있지 않음.

3→ '독신 인구에서 고령자의 비율'은 쓰여있지 않음.

35 정답 2

바로 앞에 주목한다.「定期的(ていきてき)に (식사를 가져다주는) 人(ひと)が来(き)てくれるので、急(きゅう)に倒(たお)れても早(はや)く (그 사람이 왔을 때)対応(たいおう)してもらえる」가 힌트.

오답해설

1, 3→ '갑자기 병에 걸려도 괜찮다는 안도감'과는 다름.

4→「医者(いしゃ)が来(き)てくれる」라고는 말하고 있지 않음.

36 정답 2

세 번째 단락에「高齢者(こうれいしゃ)ばかりでなく、若(わか)い人(ひと)の利用(りよう)も増(ふ)えている」라고 쓰여있다.

오답해설

1→ '어디서 시작되었는지'는 쓰여있지 않음.

3→ 배식 내용을 '고르기 쉽게' 되었지만, '전문가가 정해준다'고는 쓰여있지 않음.

4→ '병이 감소했다'라고는 특별히 말하고 있지 않음.

37 정답 4

건강을 유지하고 사회적 고립을 막는, 자신에게 맞는 식사를 쉽게 고를 수 있는 배식 서비스의 장점이 주로 쓰여있다.

오답해설

1→ 과제에 대해서는 쓰여있지 않음.

2, 3→ 마지막 단락에서 다루긴 하지만, 이 문장에서 주로 쓰여진 것은 아님.

주요어휘

- ☐ 人口(じんこう)：인구
- ☐ 過去最高(かこさいこう)：과거 최고
- ☐ 夫婦(ふうふ)：부부

□ 状況：상황

□ 定期的(な)：정기적

□ 主な：주요한, 주된

□ 維持(する)：유지

□ 直後：직후

□ 防ぐ：(사고나 병 등을) 막다

□ 効果：효과

□ 対応(する)：대응

□ 割合：비율

□ 占める：차지하다

□ 年代：연배. 「同年代」는 '나이가 자신과 거의 같은' 이라는 의미. 「さまざまな年代の人たち」는 '여러 연령의 사람들'과 거의 같은 의미.

問題 7 (情報検索)

「요리교실 안내」

38 정답 2

「コースの説明」와 「曜日・時間」에 주목. 처음이라도 일본요리를 배울 수 있고, 토요일에도 다닐 수 있는 것은 2번이다.

오답해설

1→ 요일이 맞지 않음.

3→ 처음 하는 사람은 수강할 수 없음.

4→ 「和菓子」는 일본 고유의 과자. 「和食」는 보통 '일본요리나 일본풍 식사'를 가리킴.

39 정답 4

「持ちもの」에 주목. 「初回のみ (=첫 번째 시간에만)、テキスト代 (1,000円) をお持ちください (=지참해주세요)」라고 쓰여있다.

오답해설

1→ 회비는 첫 시간 1주일 전까지 지불함.

2→ 「箸はこちらでもご用意しています (=젓가락은 요리교실에도 준비되어 있음)」이라고 쓰여있음.

3→ 이게 필요한 것은 「4 和菓子」코스.

주요어휘

□ 平日：평일

□ 用意(する)：준비

□ 会費：회비

□ 伝統的(な)：전통적

□ 申し込み：신청

□ 支払い：지불

△ 払込用紙：지로용지

△ 筆記用具：필기도구

□ 上記：상기

청해

問題1（課題理解）

例　정답1

03 1회

会社で、女の人と男の人が話しています。女の人は、このあと、まず何をしなければなりませんか。

F：ABC広告の川島部長が、そろそろいらっしゃる時間ですね。
M：うん。資料のコピーはしてくれた？
F：はい、こちらです。6部で足りますか。
M：そうだね、ありがとう。いらしたら、2階の会議室に案内してくれる？ ぼくはもう一つ資料を持って行くから、その間にお茶を出しておいて。
F：わかりました。あ、エアコンもつけておきますね。
M：ああ、それはさっき田中さんがやってくれたみたい。じゃ、よろしくね。
F：はい。

女の人は、このあと、まず何をしなければなりませんか。

1番　정답3

04 1회

コンビニで、男の人が女の人に電話しています。男の人はどのパンを買いますか。

M：もしもし。お昼、買っていくよ。今コンビニいるんだけど、何がいい？　おにぎりとか？
F：うーん、パンのほうがいいかな。
M：わかった。どういうのがいい？
F：甘いの1つと甘くないの1つ。
M：甘くないのって、サンドイッチとか？
F：えーっと、サンドイッチよりはソーセージが入ってるのがいいな。あと、甘いのは、小さいのが何個か入ってるやつがいい。
M：何個か？ 今あるのはドーナツだけど、いい？
F：それしかなかったらいいよ、それで。ああ、あと、飲み物もお願い。コーヒーじゃなくて、紅茶ね。ミルクティーとか。
M：了解。じゃ、買ってくね。

男の人はどのパンを買いますか。

2番　정답3

05 1회

会社で、男の人と女の人が話しています。女の人はこのあと、何をしなければなりませんか。

F：あのう、山田さん。部長、どこに行かれたかご存知ですか。
M：部長？　あさひ工業との打ち合わせに出かけてるよ。
F：そうなんですか…。困ったなあ。ふじ広告から至急確認してほしいって、メールでデザイン案が送られてきたんですよ。部長に見ていただきたかったんですが…。
M：うーん、今日はそのまま帰るって言ってたからなあ。
F：携帯に電話してみましょうか。
M：でも、結局、デザインは見られないからねえ。明日の朝まで待ってほしいって、言ってみて。
F：そうですね。わかりました。

女の人はこのあと、何をしなければなりませんか。

「明日の朝まで待ってほしいって、言ってみて」에서 말할 상대는 거래처. 따라서 답은 3번.

주요어휘

□ **打ち合わせ**：회의, 협의
△ **至急**：시급
□ **案**：안
□ **結局**：결국

☐ **取引先**：거래처

3番　정답4

06 1회

大学で、女の学生と男の学生が話しています。男の学生はこのあと、何をしなければなりませんか。

F：たけし君、今日の卒業生の送別会だけど。
M：ああ、6時だよね。遅れないように行くよ。
F：それはもちろんだけど、会費は？　昨日までだったんだけど。
M：えっ、そうなの？　その場で払えばいいんじゃないの？
F：余計な時間がかかるから早めに集めるって言ったじゃない。
M：今、財布にお金ないんだよ。行く前にATMでおろそうと思ってたから。
F：しかたないなあ。じゃあ、私が出しておくから、あとでちょうだい。でも、卒業生へのメッセージは早めに書いといてよ。今日カード渡すんだから。
M：ああ、それもまだだ。わかった。
F：じゃ、私はこれから花を買いに行って、そのままお店に行くね。
M：わかった。

男の学生はこのあと、何をしなければなりませんか。

「メッセージは早めに書いといて」라고 되어있으므로 답은 4번.

주요어휘

☐ **送別会**：송별회
そうべつかい

☐ **会費**：회비
かいひ

☐ **余計(な)**：쓸데없음
よけい

4番　정답2

07 1회

会社で、女の人と男の人が話しています。二人は
かいしゃ　おんな　ひと　おとこ　ひと　はな　　　　　　ふたり
明日、何時に会いますか。
あした　なんじ　あ

F：明日の研修会、1時からでしょ。何分くらい
あした　けんしゅうかい　じ　　　　　　　なんぷん
前に行く？
まえ　い
M：5分前かなあ。駅に45分に着く感じ。
ふんまえ　　　　えき　　ふん　つ　かん
F：そっか。私はもうちょっと早めに行く。行っ
わたし　　　　　　　　はや　　い　　　い
たことない場所だし、迷うかもしれないから。
ばしょ　　　まよ
M：ああ、初めてなんだ。そしたら、会場の近くで
はじ　　　　　　　　　　　　かいじょう　ちか
お昼、一緒に食べない？　ぼくは一回行ったこ
ひる　いっしょ　た　　　　　　　　いっかい　い
とがあるから場所はわかるよ。
ばしょ
F：あ、それだと助かる。
たす
M：じゃあ、ぼくは明日、午前中、外で用事があ
あした　ごぜんちゅう　そと　ようじ
るから、駅で待ち合わせでいいかなあ。改札
えき　ま　あ　　　　　　　　　　かいさつ
は1つだから、そこで。12時でいい？
F：もうちょっと早くしようよ。お昼で混む時間
はや　　　　　　ひる　こ　じかん
だから。もう15分前は？
ふんまえ
M：わかった。

二人は明日、何時に会いますか。
ふたり　あした　なんじ　あ

「12時でいい」→「もう15分前」라고 되어있으므로
じ　　　　　　　　ふんまえ
답은 2번.

주요어휘

☐ **もう～**：더～

5番　정답1

08 1회

土産物屋で、女の人と男の人が話しています。女
みやげものや　おんな　ひと　おとこ　ひと　はな　　　　　　おんな
の人は何を買いますか。
ひと　なに　か

F：困ったなあ。まだ決まらないよ。家族に買う
こま　　　　　　　き　　　　　　　かぞく　か
お土産。
みやげ
M：ぼくはもう買ったよ、クッキー。結構有名な
か　　　　　　　　　けっこうゆうめい
んだって。
F：そうなんだ。でも、前もクッキーだったから
まえ
なあ。
M：いいんじゃない、物がよければ。…あ、このお酒、おいしそう。自分用に1個買おう。
さけ　　　　　　じぶんよう　こか
F：いいな、私もなんかほしい。…あ、これにし
わたし
よう、手作りジャム。
てづく

M：ああ、おいしそうじゃない。家族にも、それにしたら？

F：うーん、あんまり食べてるの見たことがないなあ、特に父親。あ、チーズがいいかも。種類もいっぱいある！

M：ねえねえ、もうみんな集まってるよ。行ったほうがいいみたい。

F：え、うそ、どうしよう。困ったなあ。いいや、もう。私も同じのにする。

M：いいと思うよ。じゃ、急いで。

女の人は何を買いますか。

남자가「買ったよ、クッキー」라고 말하고, 여자가 마지막에「私も同じのにする」라고 말하고 있다.

주요어휘

☐ **結構**：상당히

6番　정답3

09 1회

女の人と男の人が話しています。男の人は最初に、何をしなければなりませんか。

F：なんとか今回のセミナーも無事に終わったね。5日間お疲れさまでした。さ、片づけちゃいましょう。

M：はい。じゃあ、ぼくは机を。

F：うん、お願い。…あ、ちょっと待って。やっぱり最初に部屋の外からやりましょう。外のポスターをはがしてきてくれない？　7、8枚あったと思う。私はこの辺を片づけてるよ。

M：わかりました。何か飲み物を買ってきましょうか。

F：そうねえ。じゃあ、冷たいお茶を。

M：はい。…あ、課長、あれ、ゴミですよね。捨ててきましょうか。

F：ゴミはいいよ。あとでまとめて捨てるから。

M：わかりました。じゃあ、ちょっと行ってきます。

男の人は最初に何をしなければなりませんか。

「やっぱり最初に」「外のポスターをはがしてきてくれない？」라고 되어있으므로 답은 3번.

주요어휘

☐ **セミナー**：세미나

☐ **無事に**：무사히

☐ **まとめる**：모으다, 정리하다

問題2（ポイント理解）

例　정답1

11 1회

女の学生と男の学生が電話で話しています。男の学生は、どうして家を出るのが遅くなりましたか。

F：ちょっと早めに着いたから、先に店に行ってるね。田中君は今どこ？

M：今家を出たところ。30分くらい待って。

F：えー、遅いよ。お昼食べる時間、なくなっちゃうじゃない。

M：ごめん、実は朝から体がだるくて…。ちょっと熱があるみたいで…。

F：そうなの？　じゃあ、今日のセミナーはやめといたら？

M：…大丈夫だよ。

F：同じようなのを定期的にやってるから、また行けばいいよ。それより家で寝てたほうがいいって。

M：うーん…わかった。

男の学生は、どうして家を出るのが遅くなりましたか。

주요어휘

☐ **セミナー**：세미나

☐ **定期的**：정기적

1番 정답1

12 1회

会社で、女の人と男の人が話しています。男の人は、今日、どんな失敗をしたと言っていますか。

F：原さん、どうしたの？ なんだか元気なさそうだけど。

M：うん…ちょっとミスしちゃって。今朝A社に渡したデザインサンプル、古いやつだったんだ。むこうはそれについて社内で話し合って、さっき返事をしてきて…。

F：ああ、そうなんだ。

M：また部長に怒られたよ。この間は、注文の数を間違えたし…。だめだなあ、ほんと。

F：誰にでも失敗はあるよ。私も最近、会議の時間を間違えて伝えたりしたし。部長だって、スピーチで人の名前、間違えたりしたからね。

M：うん…。ありがとう。また頑張るよ。

男の人は、今日どんな失敗をしたと言っていますか。

주요어휘

□ サンプル：샘플, 견본

2番 정답4

13 1회

男の人と女の人が話しています。上級日本語コースの授業は、どの部屋で行われますか。

M：すみません、今日、こちらのセンターで特別日本語講座を受けるんですが、上級クラスはどの部屋ですか。チラシに書いてある302に行ったんですが、誰もいなくて。301には人がいたんですが。

F：あっ、すみません。隣の別館5階の502になります。

M：えっ、別館!? でも、案内には本館の3階って…。

F：ええ。そうなんですけど…。実は、エアコンが故障してしまって、さっき変更になったんです。まだ案内を貼ってなくて…すみません。エレベーターを降りてすぐの部屋が501なんですが、502はその右隣の部屋になります。

M：わかりました。どうも。

上級日本語コースの授業は、どの部屋で行われますか。

주요어휘

□ 講座：강좌

□ 別館：별관

□ 本館：본관

□ 故障(する)：고장

□ 変更(する)：변경

3番 정답3

14 1회

会社で、女の人と男の人が話しています。女の人は、どうして去年と違う店にすると言っていますか。

F：忘年会の店、どこがいいかなあ。

M：そうだねえ。去年と同じさくら屋でもいいんじゃない？ あそこ、安かったし、お酒のメニューも結構あったし。

F：うーん、確かにお酒はいろいろあったし、部屋も広かったけど、料理はそんなにおいしくなかった気がする。それに、お酒、飲めない人もいるし。

M：まあ、そうだね。

F：「味一」はどう？ 行ったことあるけど、どれもおいしかったよ。雰囲気もなかなかよかったし。

M：へえ、じゃ、そこにしようよ。

女の人は、どうして去年と違う店にすると言っていますか。

주요어휘

□ 忘年会：망년회, 송년회

□ 雰囲気：분위기

4番　정답2

15 1회

学校で、女の学生と男の学生が話しています。女の学生は、どうして国際センターの中国語講座を選んだと言っていますか。

F：私ね、今、中国語を勉強してるんだ。
M：へー、そうなんだ。
F：バイト先によく来るお客さんに中国の人がいてさ。日本語も話せるんだけど、その人と中国語で話してみたいなあと思って。
M：実際に使うのが、うまくなる一番の方法だって言うしね。
F：そうそう。で、市の文化会館と国際センターの中国語講座を見学に行ったの。そしたら、国際センターの先生が、そのお客さんの奥さんだったのよ。もう、びっくり！
M：へえ、すごい！
F：それで、そこに通うことにしたの。文化会館の方が近いし、料金もちょっと安かったんだけどね。
M：そっかあ。頑張ってね。

女の学生は、どうして国際センターの中国語講座を選んだと言っていますか。

주요어휘

☐ **講座**：강좌
☐ **実際に**：정말로, 참으로

5番　정답1

16 1회

天気予報を聞いています。明日の午後の天気はどうなると言っていますか。

F：今日は午前中は晴れますが、午後から雲が多くなり、夜には雨が降り出すでしょう。山の方では雪に変わります。朝方まで雪が少し残るかもしれませんので、車の運転には十分ご注意ください。あすは昼すぎから太陽が顔を出し、気温も上がってくるでしょう。

明日の午後の天気はどうなると言っていますか。

「明日は昼すぎから太陽が顔を出し」→맑게 갬.

주요어휘

△ **朝方**：이른 아침, 아침 무렵
☐ **顔を出す**：얼굴을 내밀다, 나오다

6番　정답4

17 1회

男の人と女の人が話しています。女の人は、部屋を選ぶとき、特に何が大切だと思っていますか。

M：何見てるの？
F：そろそろ引っ越そうと思って。不動産屋でチラシをもらってきたの。
M：そうなんだ。何をポイントに選んでるの？
F：うーん、何かなあ…。部屋が広いこととか、家賃が安いこととか…。
M：まあ、そうだよね。あと、やっぱり南向きがいいんじゃない？　明るいほうがいいでしょ。
F：そうね。でも、一日いるわけじゃないから、東向きとか西向きとかでもいいかな。…あっ、あと、帰りがいつも遅いから、駅から近くないとだめだ。
M：ああ、それが一番大事なんじゃない？　毎日のことだし。
F：うん、そう思う。

女の人は、部屋を選ぶとき、特に何が大切だと思っていますか。

주요어휘

☐ **ポイント**：포인트

제1회
제2회
제3회
문자·어휘
문법
독해
청해

問題3（概要理解）
もんだい　　　　がいようりかい

例　정답2
れい

20 1회

留守番電話のメッセージを聞いています。
るすばんでんわ　　　　　　　　　　　　　き

F：田中です。先日は森さんのお祝いの会に誘っ
たなか　　せんじつ もり　　　　いわ　　かい　さそ
ていただき、ありがとうございました。私も
わたし
ぜひ参加したいと思っていたのですが、昨日
さんか　　　　おも　　　　　　　　　　　きのう
から娘が熱を出してしまいました。夫も明日
むすめ ねつ だ　　　　　　　　　　おっと あした
は仕事ですし、今回はちょっと行けそうにあ
しごと　　　　こんかい　　　　　　い
りません。皆さんとも久しぶりで、お会いで
みな　　　　　ひさ　　　　　あ
きるのを楽しみにしていたので、とても残念
たの　　　　　　　　　　　　　　　ざんねん
です。森さんには、また私からも電話します。
もり　　　　　　わたし　　　でんわ
本当にすみません。
ほんとう

田中さんが一番言いたいことは何ですか。
たなか　　いちばんい　　　　　なん

1 娘が熱を出している。
むすめ ねつ だ
2 お祝いの会には参加できない。
いわ かい　　さんか
3 みんなに会うのが楽しみだ。
あ　　　　たの
4 森さんに電話しておく。
もり　　でんわ

1番　정답3
ばん

21 1회

会社で、女の人と男の人が話しています。
かいしゃ　おんな ひと おとこ ひと はな

F：田中さん、お昼まだ？
たなか　　　ひる
M：あ、はい…この資料までやっておこうと思っ
しりょう　　　　　　　　　　おも
てて。
F：そっか…。じゃあ、また後にするよ。
あと
M：えっ、何ですか。いいですよ、今で。
なん　　　　　　　　　　　いま
F：そう？　…実はね、あさってのセミナー、う
じつ
ちの会社からは私が行くことになってるんだ
かいしゃ　　わたし い
けど、ちょっと都合が悪くなっちゃって…。
つごう わる
M：代わりに行けばいいんですか。
F：ごめん、よかったらお願いできないかなあ。
ねが
父が急に入院することになっちゃって、あ
ちち きゅう にゅういん
さって私が手続きに行かないといけない状況
わたし てつづ　　　い　　　　　　　　 じょうきょう
なの。
M：そうでしたか。もちろん、いいですよ。

女の人は男の人に何を頼みましたか。
おんな ひと おとこ ひと なに たの

1 一緒に昼食を食べること
いっしょ ちゅうしょく た
2 セミナーの日にちを変えてもらうこと
ひ　　　か
3 代わりにセミナーに行くこと
4 入院の手続きをすること
にゅういん てつづ

주요어휘

☐ **セミナー**：세미나
☐ **手続き**：수속
てつづ

☐ **状況**：상황
じょうきょう

2番　정답1
ばん

22 1회

留守番電話のメッセージを聞いています。
るすばんでんわ　　　　　　　　　　　　　き

F：こんにちは、中村様のお電話でしょうか。さ
なかむらさま　　でんわ
くら町図書館です。中村様が予約された『か
まち としょかん　　なかむらさま　よやく
んたん　季節の料理』ですが、本日返却され、
きせつ りょうり　　　　　ほんじつへんきゃく
貸出が可能となりました。次の予約も入って
かしだし かのう　　　　　　　 つぎ　よやく　はい
いますので、よろしければお早めにお越しく
はや　　　　こ
ださい。なお、1週間いらっしゃらなかった
しゅうかん
場合、予約は取り消しとなります。よろしく
ばあい よやく と け
お願いいたします。
ねが

女の人が一番言いたいことは何ですか。
おんな ひと いちばんい　　　　なん

1 本を借りることができること
ほん か
2 早く本を返してほしいこと
はや ほん かえ
3 次の人が予約していること
つぎ ひと よやく
4 予約が取り消されたこと
よやく と け

「貸出が可能となりました(대출할 수 있게 되었습니다)」가 가장 하고 싶은 말.

주요어휘

☐ **返却(する)**：반납
へんきゃく

☐ **貸出**：대출
かしだし

☐ **可能**：가능
かのう

☐ **取り消し**：취소
と け

3番　정답3

23 1회

女の人と男の人が話しています。

F：健康のために何か運動をしたいと思ってるんですが、田中さんって何かやってます？
M：うん。週に2、3日走ってるよ。
F：そうなんですか。実は私も走ろうかなと思ってて…。あのう、靴とか服はどういうものがいいんですか。
M：そうだね、特に靴は大事だね。いい靴じゃないと、走りづらかったり足が痛くなったりするから。ちゃんと専用のものを買ったほうがいいと思う。服は走りやすい、動きやすい形のもので、暑すぎたり寒すぎたりしないようにすることだね。あと、日差しが強いときは、帽子とかサングラスとか使ったほうがいいよ。
F：なるほど、わかりました。

二人は主に何について話していますか。
1 走る楽しさ
2 健康の大切さ
3 ジョギングに必要なもの
4 運動をするときに注意すること

주요어휘

□ 専用：전용
□ 日差し：햇빛
□ サングラス：선글라스

問題4（発話表現）

例　정답1

25 1회

道がわからないので、人に聞きます。何と言いますか。

F：1 東京駅に行きたいんですが。
　 2 東京駅に行ってくれませんか。
　 3 東京駅に行ってもいいですか。

1番　정답2

26 1회

仕事が終わりました。一緒に作業をした人に何と言いますか。

F：1 お大事に。
　 2 お疲れさまでした。
　 3 お気をつけて。

1→ 환자나 다친 사람에게 하는 말.

2→ 일이 끝났을 때 하는 말.

3→ 여행 등을 가는 사람에게 하는 말.

주요어휘

□ 作業：작업

2番　정답1

27 1회

友達が、たくさん荷物を持っています。手伝いたいです。何と言いますか。

M：1 荷物、持とうか。
　 2 荷物、持ってもらえない？
　 3 荷物、持たないと。

1→「～ようか」는 상대방에게 도와주겠다고 할 때 쓰는 말.

2→「～てもらえない？」는 상대방에게 부탁할 때 사용.

3→「持たないといけない」를 짧게 줄인 말.

3番　정답3

28 1회

アルバイトをやめます。最後の日、みんなに何と言いますか。

F：1 おかまいなく。
　 2 よくいらっしゃいました。
　 3 お世話になりました。

1→ 다른 사람의 집에 갔을 때 등에 '아무것도 안 해줘도 괜찮습니다'라고 상대방에게 전하는 말.

4番 정답3

29 1회

美術館の中で写真を撮ってはいけないと、友達に注意します。何と言いますか。

M：1 写真を撮っちゃったんだよ。
2 写真を撮らなくちゃいけないよ。
3 写真を撮っちゃいけないよ。

1→ 「撮ってしまった」의 회화체.

2→ 「撮らなければいけない」의 회화체.

3→ 「撮ってはいけない」의 회화체.

問題5（即時応答）

例 정답2

31 1회

F：あのう、道がよくわからないので、一緒に行ってほしいんですが。

M：1 そうですね、どうぞ。
2 ええ、いいですよ。
3 はい、そうしてください。

「行ってほしい」라는 상대방의 부탁에 대한 대답.

1番 정답2

32 1회

M：ごめん、先に行って、みんなに説明しといてもらえる？

F：1 じゃ、話してもらおう。
2 うん、やっておくね。
3 あっ、先だったんだ。

「説明しておいて」에 대한 대답.

2番 정답1

33 1회

M：明日のカラオケ、佐藤さんも誘ってみたらどうですか。

F：1 そうですね。聞いてみます。
2 いいえ、誘うつもりです。
3 うーん、どうして誘わないんでしょうね。

3→ 권하지 않은 이유를 물었을 때의 대답 중 하나의 예.

3番 정답3

34 1회

F：このデジカメ、フラッシュが光らないようにできる？

M：1 もっと光ったらいいのにね。
2 どうして光らないんだろう。
3 このボタンを押すといいよ。

여자는 플래시가 안 터지게 하고 싶음. 그것에 대한 대답이므로 답은 3번.

주요어휘

☐ フラッシュ：플래시

4番 정답1

35 1회

F：お父さんから、早く来てくれって電話があったよ。

M：1 わかった、すぐ行くよ。
2 そっか、早く来てほしいねえ。
3 じゃあ、もう帰ってくるかなあ。

5番 정답3

36 1회

M：そろそろバスの時間だから、店を出ようか。

F：1 時間まで、あとどのくらいだろうね。
2 いや、早く出たほうがいいよ。
3 そう？ まだ大丈夫じゃない？

주요어휘

□ **そろそろ** : 슬슬, 이제 곧

6番(ばん) 정답3

37 1회

F：今度(こんど)の企画(きかく)、ぜひ私(わたし)にやらせてください。

M：1 うん、やらせてほしいね。
2 そうか、悪(わる)かったな。
3 じゃあ、よろしく頼(たの)むよ。

「私(わたし)にさせてください」이므로 '내가 하고 싶은'것임. 따라서 답은 3번.

주요어휘

□ **企画(きかく)** : 기획

7番(ばん) 정답1

38 1회

F：このままだと、9時(じ)に間(ま)に合(あ)いそうもないですね。

M：1 そんなことはないと思(おも)うよ。
2 早(はや)く終(お)わってよかったね。
3 ずいぶん早(はや)かったんだね。

「間(ま)に合(あ)いそうもない」는 '제시간에 맞춰 못 갈 것 같다'는 것.

8番(ばん) 정답2

39 1회

M：風邪(かぜ)がひどくなったので、今日(きょう)は早(はや)めに帰(かえ)っていいですか。

F：1 そうですか。それはひどいですね。
2 わかりました、お大事(だいじ)に。
3 そんなに無理(むり)しなくていいですよ。

9番(ばん) 정답2

40 1회

F：これ、どうぞ食(た)べてください。

M：1 いえ、どういたしまして。
2 いいんですか。じゃ、遠慮(えんりょ)なく。
3 はい。では、失礼(しつれい)します。

1→ '상대방에게 감사를 들었을 때'의 대답.

3→ '상대방에게 『どうぞ』라고 듣고 방에 들어갈 때나 먼저 돌아갈 때' 등에 하는 말.

모의고사 제2회 정답 · 해설

정답

언어지식 (문자 · 어휘)

問題(もんだい)1	
1	4
2	1
3	3
4	2
5	4
6	1
7	3
8	2

問題(もんだい)2	
9	4
10	3
11	4
12	2
13	1
14	2

問題(もんだい)3	
15	2
16	1
17	1
18	2
19	4
20	3
21	1
22	2
23	1
24	4
25	4

問題(もんだい)4	
26	4
27	3
28	1
29	2
30	1

問題(もんだい)5	
31	3
32	4
33	2
34	3
35	1

언어지식 (문법) · 독해

問題(もんだい)1	
1	3
2	3
3	1
4	1
5	4
6	4
7	3
8	4
9	2
10	2
11	3
12	3
13	1

問題(もんだい)2	
14	4
15	4
16	2
17	1
18	2

問題(もんだい)3	
19	4
20	1
21	3
22	2
23	1

問題(もんだい)4	
24	2
25	2
26	2
27	4

問題(もんだい)5	
28	2
29	3
30	3
31	3
32	4
33	1

問題(もんだい)6	
34	4
35	1
36	2
37	2

問題(もんだい)7	
38	2
39	1

청해

問題(もんだい)1	
例(れい)	1
1	1
2	4
3	3
4	3
5	2
6	4

問題(もんだい)2	
例(れい)	1
1	2
2	3
3	3
4	3
5	4
6	3

問題(もんだい)3	
例(れい)	2
1	3
2	4
3	2

問題(もんだい)4	
例(れい)	1
1	1
2	2
3	1
4	3

問題(もんだい)5	
例(れい)	2
1	1
2	3
3	1
4	1
5	2
6	1
7	3
8	2
9	2

※해설에서는 「주요어휘」에 N3 레벨의 어휘를 싣고, 체크박스(□)를 붙였습니다. 설명을 위해 사용한 일부 어려운 어휘에는 △가 붙어 있습니다.

언어지식 (문자・어휘)

問題 1
もんだい

1 정답 **4**

□ **予防(する)**：예방
よぼう

▶ □**予**＝ヨ／あらかじーめ

㊞ 来週の予定、天気予報、結果を予想する、
らいしゅう よてい　てんき よほう　けっか　よそう
未来を予測する(미래를 예측하다)
みらい　よそく

▶ □**防**＝ボウ／ふせーぐ

㊞ 事故を防止する(＝防ぐ)、消防車(소방차)
じ こ　ぼうし　　ふせ　　しょうぼうしゃ

2 정답 **1**

□ **満足(する)**：만족

▶ □**満**＝マン／みーちる

㊞ 電車は満員だった。／お店は満席だった。／
でんしゃ　まんいん　　　　みせ　まんせき
ホテルは満室だった。
まんしつ

▶ □**足**＝ソク／ゾク／あし／たーりる

㊞ この島では、医者が不足している。／お金
しま　　　いしゃ　ふそく　　　　　　かね
が足りない。

3 정답 **3**

□ **貧しい**：가난하다

▶ □**貧**＝ヒン／ビン／まずーしい

㊞ 貧しい食事
まず　しょくじ

오답해설

1 **大人しい**(얌전하다)
おとな

2 **懐かしい**(그립다, 반갑다)
なつ

4 **激しい**(심하다, 격심하다)
はげ

4 정답 **2**

□ **渋滞**：(차량) 정체
じゅうたい

▶ □**渋**＝ジュウ／しぶーい

㊞ 成績表を見せると、父は渋い表情をした。(성적표를
せいせきひょう み　　　　ちち　しぶ ひょうじょう
보이자 아버지는 떨떠름한 표정을 지었다.)

▶ □**滞**＝タイ／とどこおーる

㊞ 日本に1週間滞在する予定です。(일본에 1주일간
にほん　　しゅうかんたいざい　よてい
체재할 예정입니다.)

5 정답 **4**

□ **評価(する)**：평가
ひょうか

▶ □**評**＝ヒョウ

㊞ 評判(평판)、批評(する)(비평)
ひょうばん　ひひょう

▶ □**価**＝カ

㊞ 価値(가치)、価格(가격)、高価(な) (고가)
か ち　　　かかく　　　こう か

6 정답 **1**

□ **分かれる**：나누어지다

▶ □**分**＝ブン／わーかれる

㊞ ここから道が2つに分かれている。

7 정답 **3**

□ **技術**：기술
ぎじゅつ

▶ □**技**＝ギ／わざ

㊞ 技能(기술이나 능력)、特技(특기)
ぎのう　　　　　　とくぎ

▶ □**術**＝ジュツ／すべ　㊞ 手術
しゅじゅつ

8 정답 **2**

□ **首都**(しゅと)：수도

▶ □**首**＝シュ／くび

㉠ 首脳(しゅのう)

▶ □**都**＝ト／みやこ

㉠ 東京都(とうきょうと)(도쿄도)、都会(とかい)(도시)

問題(もんだい) 2

9 정답 **4**

□ **専門**(せんもん)：전문

▶ □**専**＝セン／もっぱ－ら

㉠ 経済(けいざい)を専攻(せんこう)する(경제를 전공하다)

▶ □**門**＝モン／かど

㉠ 入門書(にゅうもんしょ)(입문서)

10 정답 **3**

□ **飾**(かざ)**る**：장식하다

▶ □**飾**＝ショク／かざ－る

㉠ 花(はな)を飾(かざ)る、壁(かべ)に絵(え)を飾(かざ)る、飾(かざ)り物(もの)

11 정답 **4**

□ **資料**(しりょう)：자료

▶ □**資**＝シ

㉠ 資源(しげん)(자원)

▶ □**料**＝リョウ

㉠ 料理(りょうり)、原料(げんりょう)

12 정답 **2**

□ **(味**(あじ)**が)薄**(うす)**い**：싱겁다

▶ □**薄**＝ハク／うす－い

㉠ 薄(うす)い紙(かみ)(얇은 종이)、化粧(けしょう)が薄(うす)いと言(い)われた。(화장이 연하다고 했다.)

13 정답 **1**

□ **探**(さが)**す**：찾다

▶ □**探**(たん)＝タン／さが－す

㉠ 海底探査(かいていたんさ)、本(ほん)を探(さが)す

14 정답 **2**

□**不安**(ふあん)**(な)**：불안

▶ □**不**＝フ

㉠ 不便(ふべん)な町(まち)、不幸(ふこう)な人(ひと)、不満(ふまん)を言(い)う、不可能(ふかのう)な話(はなし)、不十分(ふじゅうぶん)な説明(せつめい)

▶ □**安**＝アン／やす－い

㉠ 安心(あんしん)(する)、安全(あんぜん)な町(まち)

問題(もんだい) 3

15 정답 **2**

□ **食品**(しょくひん)：식품

㉠ 食品売(しょくひんう)り場(ば)

오답해설

1 **食欲**(しょくよく)：식욕
㉠ 最近(さいきん)、食欲(しょくよく)がない。

3 **食料**(しょくりょう)：식료, 음식물
㉠ ここには、3日分(ぶん)の水(みず)と食料(しょくりょう)がある。

4 **食事**(しょくじ)：식사
㉠ 食事(しょくじ)の時間(じかん)は大体決(だいたいき)まっている。

16 정답 **1**

□ **シンプル(な)**：심플, 단순함, 간단함

㉠ シンプルなデザイン

오답해설

2 **サンプル**：샘플 ㉢sample
㉠ サンプルを見(み)て決(き)める

3 **レンタル**：렌탈 ㉢rental
㉠ DVDをレンタルする

4 **タイトル**：타이틀 ㉢title
㉠ 映画(えいが)のタイトル

17 **정답 1**

□ **(計画(けいかく)を)立(た)てる**：(계획을)세우다

예 夏休(なつやす)みの予定(よてい)を立(た)てる

오답해설

2 **乗(の)る**：응하다 예 相談(そうだん)に乗(の)る(상담을 해주다)

3 **かける**：걸다 예 電話(でんわ)をかける

4 **上(あ)げる**：올리다 예 値段(ねだん)を上(あ)げる

18 **정답 2**

□ **実家(じっか)**：생가, 친정, 부모님이 사는 집

예 実家(じっか)の両親(りょうしん)に会(あ)いに行(い)く。

오답해설

1 **家庭(かてい)**：가정 예 温(あたた)かい家庭(かてい)、家庭環境(かていかんきょう)

3 **家族(かぞく)**：가족 예 四人家族(よにんかぞく)、家族(かぞく)が集(あつ)まる

4 **親戚(しんせき)**：친척 예 遠(とお)い親戚(しんせき)

19 **정답 4**

□ **とうとう**：마침내

예 あの二人(ふたり)、ずっとけんかをしていたけど、とうとう別(わか)れたらしい。

오답해설

1 **まあまあ**

예 まあまあおいしかった。(그럭저럭 맛있었다.)

2 **そろそろ**

예 そろそろバスが来(く)るころだ。(슬슬 버스가 올 시간이다.)

3 **なかなか**

예 なかなか会議(かいぎ)が終(お)わらない。(좀처럼 회의가 끝나지 않는다.)

20 **정답 3**

□ **大人(おとな)しい**：얌전하다

예 この犬(いぬ)は大人(おとな)しいから、そんなに*吠(ほ)えない。

*吠(ほ)える：짖다

오답해설

1 **細(ほそ)い**：가늘다 예 細(ほそ)い体(からだ)

2 **面白(おもしろ)い**：재미있다 예 面白(おもしろ)い映画(えいが)

4 **遅(おそ)い**：늦다 예 遅(おそ)い夕食(ゆうしょく)

21 **정답 1**

□ **ぎりぎり**：빠듯함, 여유가 없음

예 ぎりぎり電車(でんしゃ)に間(ま)に合(あ)った。

오답해설

2 **ばらばら**：제각각, 뿔뿔이

예 ばらばらにならないよう、クリップでとめた。

3 **わくわく**：두근두근 (기대나 기쁨으로 마음이 진정되지 않는 모양)

예 ハワイに行(い)くのは初(はじ)めてなので、わくわくする。

4 **どきどき**：두근두근 (심한 운동이나 불안이나 흥분 등으로 심장의 고동이 빨라지는 모양)

예 合格発表(ごうかくはっぴょう)を見(み)に行(い)った時(とき)は、すごくドキドキした。

22 **정답 2**

□ **(お金(かね)を)下(おろ)す**：(돈을) 찾다

오답해설

1 **落(お)とす**：떨어뜨리다, 잃어버리다

예 財布(さいふ)を落(お)とす

3 **取(と)る**：잡다, 취하다, 따다

예 席(せき)を取(と)る、予約(よやく)を取(と)る、免許(めんきょ)を取(と)る、100点(てん)を取(と)る、メモを取(と)る

4 **付(つ)ける**：붙이다, 익히다

예 サービスを付(つ)ける

23 **정답 1**

□ **費(ひ)**：~비

예 彼(かれ)は自分(じぶん)で大学(だいがく)の学費(がくひ)を払(はら)っている。

오답해설

2 **賃**(ちん) : 삯, 요금
예 家賃(やちん)、運賃(うんちん)(≒電車(でんしゃ)・バスなどの料金(りょうきん))

3 **代**(だい) : 대금, 값
예 電話代(でんわだい)、電気代(でんきだい)、バス代(だい)、食事代(しょくじだい)、プレゼント代(だい)

4 **料**(りょう) : ~료, 요금
예 入場料(にゅうじょうりょう)、授業料(じゅぎょうりょう)、使用料(しようりょう)、送料(そうりょう)

24 정답 4

□ **徹夜(する)**(てつや) : 철야, 밤샘
예 徹夜(てつや)で映画(えいが)を見(み)た。

오답해설

1 **平日**(へいじつ)
예 平日(へいじつ)は午後(ごご)8時(じ)まで営業(えいぎょう)している。
(평일은 오후 8시까지 영업하고 있다.)

2 **日中**(にっちゅう)
예 日中(にっちゅう)はほとんど家(いえ)にいない。
(낮에는 거의 집에 없다.)

3 **夜中**(よなか)
예 昨日(きのう)、夜中(よなか)に電話(でんわ)がかかってきた。
(어제 한밤중에 전화가 걸려 왔다.)

25 정답 4

□ **正直(な)**(しょうじき) : 정직함
예 正直(しょうじき)に答(こた)えてください。

오답해설

1 **正解(する)**(せいかい)
예 クイズに正解(せいかい)する

2 **正式(な)**(せいしき)
예 正式(せいしき)な名前(なまえ)(정식 이름)

3 **正確(な)**(せいかく)
예 正確(せいかく)な情報(じょうほう)(정확한 정보)

問題(もんだい) 4

26 정답 4

□ **逆**(ぎゃく) : 역, 반대
예 逆方向(ぎゃくほうこう)の電車(でんしゃ)、予想(よそう)と逆(ぎゃく)の結果(けっか)

27 정답 3

□ **タイプ** : 타입 영 type
예 前(まえ)と同(おな)じタイプのカメラを買(か)いたい。

28 정답 1

□ **のぞく→覗く**(のぞく) : 들여다보다
예 店(みせ)の中(なか)をのぞいたら、客(きゃく)が一人(ひとり)もいなかった。

29 정답 2

□ **乱暴(な)**(らんぼう) : 난폭
예 ①乱暴(らんぼう)な男(おとこ)
②乱暴(らんぼう)な言葉(ことば)づかい、道具(どうぐ)を乱暴(らんぼう)に扱(あつか)う

30 정답 1

□ **じっくり** : 차분하게, 여유있게, 곰곰이
예 時間(じかん)をかけて、じっくり煮(に)る

問題(もんだい) 5

31 정답 3

□ **集団**(しゅうだん) : 집단
예 駅(えき)の前(まえ)にバイクの集団(しゅうだん)がいる。

오답해설

1 集中(しゅうちゅう)、2 まとめる、4 集合(しゅうごう) 등이 적당.

32 **정답 4**

☐ **老(お)いる**：늙다

㊎ 老(お)いた父(ちち)が一人(ひとり)で暮(く)らしている。

오답해설

1, 2 古(ふる)くなる、 3 枯(か)れる 등이 적당.

33 **정답 2**

☐ **カット**：자르다, 생략하다 ㊒cut

㊎ いらない部分(ぶぶん)をカットする。

오답해설

1 短(みじか)くする、 3 割(わ)り引(び)き、 4 減(へ)らす 등이 적당.

34 **정답 3**

☐ **真剣(しんけん)(な)**：진지함

㊎ 真剣(しんけん)に勉強(べんきょう)しないと合格(ごうかく)できない。

오답해설

1 ていねい、 2 本当(ほんとう)のところ、 4 まじめ 등이 적당.

35 **정답 1**

☐ **損(そん)をする**：손해를 보다

㊎ 彼(かれ)は株(かぶ)で損(そん)をしたようだ。

오답해설

2 古(ふる)くなる、 3 不利(ふり)になる(불리하게 되다)、 4 足(た)りない 등이 적당.

언어지식 (문법)·독해

문법

問題 1

1 정답 3

□ **～ことは**：～하기는

예 忙しいことは忙しいが、出席するつもりだ。
（＝忙しいのは確かだが）

오답해설

1 皆には大丈夫と言ったものの、本当は自信がない。(=말했지만)

4 このごろ、忘れることが多くなった。

2 정답 3

□ **～とはかぎらない**：～라고 할 수는 없다

예 先生だからわかるとはかぎらない。
（＝わかるとは決まっていない）

오답해설

2 5年くらい前に、テレビに出たことがある。

4 バスが動かないなら、歩いて帰るよりほかない。(=돌아갈 수 밖에 없다)

3 정답 1

□ **～ほど**：～만큼

예 **駅に近いほど家賃が高い。**

오답해설

2 女性に限り半額です。(=여성에 한해)

3 自分の部屋ぐらい自分で片づけなさい。
(⇒자기 방 정도는)

4 夫は私のお弁当まで作ってくれる。(=까지)

4 정답 1

□ **～をもとに**：～를 바탕으로, ～을 소재로

예 このドラマは、ある人の日記をもとに作られた。（＝日記を基本にして）

오답해설

2 事故のことは大使館を通じて知った。(=~대사관을 통해)

3 台所をのぞいて床の掃除は済んだ。

4 母への感謝の気持ちをこめて、この曲を作りました。(=마음을 담다)

5 정답 4

□ **～にとって**：～에게 있어서

예 私にとって、犬は家族のようなものだ。

오답해설

1 目上の人に対して、そんな話し方は失礼だ。

2 日本の経済について、レポートを書くつもりだ。

3 講演会は、市の文化センターにおいて行われる予定だ。(=문화센터에서)

6 정답 4

□ **～だけでなく**：～뿐만 아니라

예 国語だけでなく、数学の成績も上がった。

오답해설

1 着ている服からいって、大学の先生とは思えない。(=옷으로 봐서)

2 子供だけでなく、親まで呼ばれて注意された。

3 春といえば 桜です。(=봄이라고 하면)

7 정답 3

☐ **～にくらべて**：～에 비해

㊞ 昔に比べて洋服が安くなった。

오답해설

1 コンサートは、ABCホールにおいて行われる。(=ABC홀에서)

2 インさんは、留学生の代表としてスピーチをした。

4 成長するにしたがって、顔が母親に似てきた。(=성장함에 따라)

8 정답 4

☐ **うかがいます**：～방문하겠습니다

㊞ これからすぐお宅に伺います。（＝お宅に行きます）

오답해설

1 先生はもうすぐ、こちらにお越しになります。

2, 3 社長は何時に会社へいらっしゃいます[おいでになります]か。

9 정답 2

☐ **～させてください**：～하게 해(시켜) 주십시오

㊞ この仕事は、私にさせてください。

10 정답 2

☐ **～にしたがって**：～에 따라서

㊞ 郊外に行くにしたがって、畑が増えてくる。（＝行くのに合わせて、だんだん）

오답해설

1 旅行に行くとしたら、どこに行きたい？(=여행을 간다면)

3 旅行に行くとしても、８月までは無理だ。(=여행을 간다고 하더라도)

4 咳に加えて、熱も出てきた。

11 정답 3

☐ **～として**：～로서

㊞ 学生として恥ずかしくない行動をしてほしい。

오답해설

1 私にとって、家族は宝だ。

2 私としては、子どもの世話にはなりたくない。

4 結婚するとしたら、優しい人を選ぶ。(=결혼 한다면)

12 정답 3

☐ **～てもしかたがない**：～해도 소용없다

㊞ 電車が遅れたのは雪のせいなんだから、文句を言ってもしかたがない。

오답해설

1 お金を払っているんだから、文句を言ったほうがいい。

2 連絡が遅いとみんなに文句を言われているかもしれない。

4 「ボーナスが少ない」と、社員は文句を言っているに違いない。(=불만을 말하고 있는 것이 틀림없다)

13 정답 1

☐ **～ようになっている**：～하게 되어있다

㊞ 目覚まし時計は６時に鳴るようになっている。

오답해설

2 この目覚まし時計は正確に鳴るようだ。

3 修理すれば、この目覚まし時計も正確に鳴るようになる。

4 修理して正確に鳴るようにするつもりだ。

問題2
もんだい

14 정답 4

夏休みの₂日数や期間 は ₄会社 ₃によってかな
なつやす　にっすう　きかん　　かいしゃ
り違うようだ。
ちが

15 정답 4

説明が ₂詳しすぎて ₁かえって ₄わかりにくく
せつめい　くわ
₃なって しまった。

16 정답 2

推薦状が ₄あっても ₃必ずしも ₂合格する ₁とい
すいせんじょう　　かなら　　ごうかく
う わけではない。

17 정답 1

彼の ₂ことだ ₄から ₁今日も ₃遅刻する にちが
かれ　　　　　　きょう　ちこく
いない。

18 정답 2

結婚式 ₃には ₄家族と親戚 ₂だけが ₁出席するこ
けっこんしき　かぞく　しんせき　　しゅっせき
とになった。

問題3
もんだい

19 정답 4

「…という言葉には…という響き」를 '자연스럽게
ことば　　　　　　ひび
느낀다(느껴진다, 자발)'는 의미로, 수동과 같은 형태가
온다.

오답해설

1 예 多くの人が、昨年より物価が高くなったと
おお　ひと　さくねん　ぶっか　たか
感じている。
かん

2 예 外国にいると、日本人であることを強く感
がいこく　　にほんじん　　つよ　かん
じさせられる。

3 예 大人なら、芸術の素晴らしさをもっと感じ
おとな　げいじゅつ　すば　　かん
てよいものだ。(=느끼는 것이 보통이다)

20 정답 1

이 문장에는 구체적인 예가 몇가지 제시되어 있어, '이
제부터 예시가 제시될 것을 나타내는 말'이 들어간다.

오답해설

2 예 彼は私の母の兄の子供、つまり、いとこで
かれ　わたし　はは　あに　こども
す。

3 예 砂糖を入れて5分煮ます。それから、塩を
さとう　い　　ふんに　　　　　しお
少し入れます。
すこ　い

4 예 音楽はあまり聞きません。しかし、嫌いと
おんがく　　き　　　　　　　　きら
いうわけではありません。

21 정답 3

이 글의「家族で楽しむおせち料理」라는 것은 '옛
かぞく　たの　　　りょうり
부터 내려오는 전통적인 오세치 요리'. '옛날부터 현재
까지 사람들이 가지고 있는 이미지'를 나타내는 표현이
들어간다.

오답해설

2 예 日本人は働きすぎと思われているけど、こ
にほんじん　はたら　　　おも
のイメージはいつからだろう。

4 예 現在の彼は、けんかばかりしていた頃のあ
げんざい　かれ　　　　　　　　　ころ
のイメージと全く違っていた。
まった　ちが

22 정답 2

「おひとり様」의 의미를 나타내는 표현이 들어간다.
さま

23 정답 1

「おひとり様は気楽さを求めている」라고 필자의
さま　きらく　もと
생각을 확실히 나타내는 표현이 들어간다.

제1회　제2회　제3회　문자·어휘　문법　독해　청해

독해

問題(もんだい) 4 (短文(たんぶん))

(1) 「학생에게 보내는 메모」

24 정답 **2**

「出席(しゅっせき)できない場合(ばあい)は19日(にち)(月(げつ))までに私(わたし)に連絡(れんらく)する」에 주목. 「私(わたし)」는 메모를 쓴 선생님을 가리킨다.

오답해설

1→ 회장에 대해서는 아무말도 하고 있지 않음.

3→ '의논하고 싶은 것이 있으면' 알려달라고 한 것이며, '정해서 알려달라'고 한 것은 아님.

4→ 「会議(かいぎ)に欠席(けっせき)する人(ひと)は…」가 올바름.

주요어휘

□ **講演(こうえん)**：강연

□ **どうしても**：아무리 해도, 도저히

□ **指示(しじ)(する)**：지시

(2) 「수리 문의에 대한 답변」

25 정답 **2**

「発売(はつばい)されてまだ半年(はんとし)の製品(せいひん)(→발매 후 1년 이내라면)」「ご購入(こうにゅう)から１年以内(ねんいない)の扱(あつか)い」「保証(ほしょう)の対象(たいしょう)となります(→무료로 수리 가능)」의 세 가지가 포인트.

오답해설

1→ '보증의 대상이 된다'고 쓰여있음.

3→ 보증서도 영수증도 찾지 못함.

4→ 「交換(こうかん)」은 언급하지 않음.

주요어휘

□ **当社(とうしゃ)**：당사

□ **製品(せいひん)**：제품

□ **問(と)い合(あ)わせ**：문의

△ **通常(つうじょう)**：통상, 보통

□ **購入(こうにゅう)(する)**：구입

□ **保証書(ほしょうしょ)**：보증서

□ **～の扱(あつか)いとする**：～로서 취급하다

□ **対象(たいしょう)**：대상

□ **弊社(へいしゃ)**：자신의 회사를 낮춰 부르는 말

(3) 「조깅 권유」

26 정답 **2**

선택지 2번의 「精神面(せいしんめん)での効果(こうか)」는 「走(はし)ることで～気持(きも)ちが明(あか)るくなる」의 부분을 가리킨다.

오답해설

1→ 테스토스테론이 원인이라고 알려져 있음.

3→ '바쁜 사람에게 권함'이라고 되어있음.

4→ '매일은 무리더라도, 일주일에 하루라도 달리면 어떨까'라고 쓰여있음.

주요어휘

□ **ただ～だけではない**：단지 ～만은 아니다

□ **ストレス**：스트레스

□ **毎日走(まいにちはし)れとは言(い)わない**：매일 달리라고는 하지 않다

△ **精神(せいしん)**：정신

□ **かえって**：오히려

(4) 「꽃구경」

27 정답 **4**

필자는 봄의 꽃구경과 달리, 단풍철에는 '단풍 아래서 먹거나 마시거나 하지 않는다'를 「どうしてか」라며 궁금해하고 있다.

오답해설

1→ 「花見(はなみ)→식사나 술을 즐김, 紅葉(こうよう)→보면서 즐길 뿐」이라는 차이가 포인트.

2, 3→ 봄의 꽃구경에 대한 설명. 특별히 이상하게 생각하고 있지는 않음.

주요어휘

☐ ふと：문득

△ 庭園：정원

☐ 観光客：관광객

問題 5 (中文)

(1)「서예」

28 정답 2

앞 문장「字の形や筆の動かし方を頭の中に思い浮かべる (=마음으로 이미지를 그리거나 떠올리거나 한다)」가 포인트.
じ　かたち　ふで　うご　　かた　あたま　なか　おも　う

오답해설

1, 3→ '연필로 쓰는 법', '선생님이 보여준 쓰는 법'이 아님.

4→ '실제로 썼을 때의 쓰는 법'이 아님.

29 정답 3

바로 뒤 문장에「筆や墨は上手に使わないと服を汚したりする」라고 되어있다.
ふで　すみ　じょうず　つか　　　　ふく　よご

오답해설

1, 2→ '옷의 세탁', '도구를 빌리는 것'에 대해서는 쓰여있지 않음.

4→「使い方がわからないとき」에 대해서는 아무것도 기술되어 있지 않음.

30 정답 3

글 전체의 내용은「書道によって人生に必要な基礎の力(집중력과 도구를 다루는 힘)がつく」이다.
しょどう　　　　じんせい　ひつよう　き　そ　ちから

오답해설

1→「字を書く機会」에 대해서는 다루지 않음.

2→ 부모가 가르칠지 말지는 포인트가 아님.

4→ '어른에게도 권하고 싶다'고는 말하고 있지 않음.

주요어휘

☐ 習い事：배우는 일

☐ 集中(する)：집중

　㉠ 隣の人がうるさくて、勉強に集中できない。

☐ 身につく：몸에 배다

☐ 落ち着かせる：진정시키다

☐ 動かす：움직이다

　㉠ 掃除をするので、テーブルを動かした。

☐ 思い浮かべる：떠올리다, 연상하다

☐ ～に沿って：～를 따라(서)

☐ 自然に：자연히

☐ あつかう：취급하다, 다루다

☐ 学ぶ：배우다

☐ 基礎：기초

(2)「오토바이 여행의 추억」

31 정답 3

「～ことに」가 들어있는 문장의 내용에 주목한다. 여기서는「毎回違う景色に出会うことができる」가 이상한 것이다.
まいかいちが　けしき　であ

오답해설

2, 4→「人が少ない」「天気がよく変わる」라고는 쓰여있지 않음.

32 정답 4

「事故やトラブルが起きないだろうか」는 불안을,「何か楽しいことが待っているに違いない(=분명 기다리고 있다)」는 기대를 나타내고 있다.

제 1 회
제 2 회
제 3 회
문자·어휘
문법
독해
청해

오답해설

1→ 「行き先も決めずに」 라고 되어 있으며, '호수에 도착하는 것'도 정하지 않았음.

2→ 「学校の規則」에 대해서는 쓰여있지 않음.

3→ 「人と出会うこと」를 기대하는 것이 아님.

33 정답 1

두 번째 단락 마지막에, 좋은 날씨였던 것(←太陽の光を浴びて) 과 「人との出会いが新鮮だったこと」가 쓰여있다.

오답해설

2, 4→ 그런 내용은 쓰여있지 않음.

3→ 자연의 훌륭함은 포인트가 아님.

주요어휘

△ **高原**：고원

□ **訪れる**：방문하다

예 この街を訪れるのは３回目だ。

□ **通学(する)**：통학

□ **～に違いない**：～임에 틀림없다

□ **どきどき(する)**：두근두근 (심한 운동이나 불안이나 흥분 등으로 심장의 고동이 빨라지는 모습)

□ **太陽**：태양

□ **きらきら(する)**：반짝반짝

□ **連続(する)**：연속

예 A大学が3年連続で優勝している。

△ **輝き**：반짝임

□ **飽きる**：질리다, 싫증나다

예 その話はもう何回も聞いて飽きた。

□ **可能性**：가능성

□ **期待(する)**：기대

□ **きっかけ**：계기

問題6(長文)

「동아리에서 마을 활성화」

34 정답 4

앞 문장 「住民による小さなイベント～大きく広がることがある」에 주목. 「発展する」는 「大きくなる」라는 의미.

오답해설

1, 2→ 스포츠 대회만을 말하고 있는 것이 아님.

3→ 「県の内外から」 출전했다고 쓰여있음.

35 정답 1

다음 단락에 「町おこしは大成功だ」 라고 되어있으므로 그 앞 문장에 주의 → 「大会中は町に人があふれ」「市内を観光して帰る人も多い」.

오답해설

2, 3, 4→ '팀을 강하게 한다', '축제를 만든다', '동아리 이름을 알린다' 중 어느 것도 쓰여있지 않음.

36 정답 2

「宣伝」은 '상품 등의 좋은 점을 널리 알리는 것'. 세 번째 단락의 「おべんとうを注文するという参加ルールがある」「おべんとうには地元の(=그 마을의)食材を使うことになっている」가 포인트.

오답해설

1, 3, 4→ '재배한 쌀이나 채소를 여관에서 사용한다', '도시락에 드문 채소를 사용한다', '회장에서 농산물을 판다는 것'은 어느 것도 본문에 없음.

37 정답 2

「町(まち)の方々(かたがた)とボランティアの力(ちから)を借(か)りて、来年(らいねん)もよりよい(=더 좋은)大会(たいかい)にしたい」라고 말하고 있다.

오답해설

1→ 홈페이지는 이미 만들어져 있음.

3, 4→ '편지를 보내주었으면 한다', '승부를 가리고 싶지 않았다'는 어느 것도 본문에 나와있지 않음.

주요어휘

□ 住民(じゅうみん) : 주민
□ イベント : 이벤트
□ サークル : 서클, 동아리
□ 名物(めいぶつ) : 명물
□ 出場(しゅつじょう)(する) : 출장, 출전
□ おとずれる : 방문하다
□ 交流(こうりゅう)(する) : 교류
□ 広(ひろ)める : 알리다, 넓히다
□ 商店街(しょうてんがい) : 상점가
□ 協力(きょうりょく)(する) : 협력
□ 呼(よ)びかける : (참가나 협력을)구하다, 호소하다
□ 当日(とうじつ) : 당일
□ 宣伝(せんでん)(する) : 선전
□ 地元(じもと) : 그 고장
□ あふれる : 넘쳐 흐르다
　예 川(かわ)の水(みず)があふれて田(た)んぼに流(なが)れ込(こ)んだ。
□ 成功(せいこう)(する) : 성공
□ プレー(する) : 플레이
□ ～の方々(かたがた) : 「～の人(ひと)たち」의 정중한 말
□ 公開(こうかい)(する) : 공개
□ 農産物(のうさんぶつ) : 농산물
□ 感想(かんそう) : 감상

問題(もんだい) 7 (情報検索(じょうほうけんさく))

「버스투어」

38 정답 2

호텔 요금은 여행회사에서 지불한다. 스키 교실의 참가비는 스키장에서 지불한다.(※여행회사에 지불하는 것이 아님).

오답해설

1→ 기본 대금에 3000엔 추가하지 않으면 안 됨.

3, 4→ 스키교실 하루분의 참가비는 당일 지불.

39 정답 1

「旅行者(りょこうしゃ)」는 신청하는 사람의 이름과 여행을 가는 사람의 인원수를 적는다. 스키 교실에 참가할지는 쓰지 않아도 된다.

오답해설

2, 4→ 숙박할 곳이 쓰여있지 않음.

3→ 여행자 전원의 이름은 쓰지 않아도 됨.

주요어휘

△ 夜行(やこう)バス : 심야버스
□ 基本代金(きほんだいきん) : 기본요금
□ 宿泊(しゅくはく)(する) : 숙박
□ 用具(ようぐ) : 용품, 도구
△ (スポーツ)ウェア : ～웨어, 옷
△ ただし : 단, 다만
□ 変更(へんこう)(する) : 변경
□ 人数(にんずう) : 인원 수
□ ～が可能(かのう)だ : ～이 가능하다
△ 健康保険証(けんこうほけんしょう) : 건강보험증
△ ご持参(じさん)ください : 지참해주세요

청해

問題 1（課題理解）

例　정답1

03 2회

会社で、女の人と男の人が話しています。女の人は、このあと、まず何をしなければなりませんか。

F：ABC広告の川島部長が、そろそろいらっしゃる時間ですね。
M：うん。資料のコピーはしてくれた？
F：はい、こちらです。6部で足りますか。
M：そうだね、ありがとう。いらしたら、2階の会議室に案内してくれる？　ぼくはもう一つ資料を持って行くから、その間にお茶を出しておいて。
F：わかりました。あ、エアコンもつけておきますね。
M：ああ、それはさっき田中さんがやってくれたみたい。じゃ、よろしくね。
F：はい。

女の人は、このあと、まず何をしなければなりませんか。

1番　정답1

04 2회

女の人と男の人が会社で話しています。男の人はどこで昼ごはんを食べますか。

F：ねえ、最近できたイタリアン、人気みたいね？
M：ああ、うちの目の前にできた店でしょ。いつも行列ができてるね。
F：ピザがおいしいらしいよ。今日のお昼、そこに行ってみない？
M：いいけど、時間、大丈夫かなあ。午後から会議じゃない。
F：そうか…。絶対混むしね。やめといたほうがいいか。
M：じゃあ、その隣の和食レストランに行く？
F：そこは昨日行ったばかりなのよ。まあ、いいんだけど…。
M：じゃあ、ハンバーガーは？　すぐ食べられるし。
F：そうねえ…。でも、雨だからなあ。あんまり遠くまで、歩きたくないな。…ごめん、今日は何か買って食べるよ。
M：あ、そう。じゃあ、僕はハンバーガーにするよ。

男の人はどこで昼ごはんを食べますか。

주요어휘

□ **イタリアン**：이탈리안 식당

□ **行列**：행렬, 줄

□ **和食**：일본요리

2番　정답4

05 2회

女の人と男の人が会社で話しています。男の人はまずどこへ行きますか。

F：あ、川島さん、今晩、みんなでご飯食べに行こうって言っているんだけど、川島さんも一緒にどう？
M：あ、いいね。どこに行くの？
F：ちょっと遠いんだけど、あさひ町に新しくできたスペイン料理のお店。
M：あさひ町？　だったら、うちの近くだよ。何時から？
F：7時半で予約した。私たちはもう、これから会社出るところだけど、川島さんは？
M：今メールの返事を書いてて、あと10分くらいかかるかな。いいよ、先行ってて。
F：ああ、川島さんってバイクだっけ？
M：うん。でも、ワイン飲みたいから、今日はうちに置いてから行くよ。

F：じゃあ、お店に直接行く？
M：いや、改札で待ってるよ。ぼくのほうが先に着くから。
F：そうか。じゃあ、またあとでね。

男の人はまずどこへ行きますか。

주요어휘

☐ **先行ってて**：먼저 가 있어

☐ **直接(行く)**：직접 (가다)

☐ **改札**：개찰

3番　정답3

06 2회

女の人と男の人が会社で話しています。男の人はこれからどうしますか。

F：田中さん。
M：はい。
F：明日の会議なんだけど、会議室の予約、してくれた？
M：はい。第１会議室を予約しておきました。
F：え？　第１会議室？　会議の参加者は５人だから、ちょっと広すぎるんじゃない？
M：ええ、私もそう思ったんですが、第２会議室は先に予約が入っていまして…。
F：第３会議室は？　第２会議室とだいたい同じ広さでしょ？
M：はい。でも、インターネットが使えないんです。それだとまずいんですよね。
F：うん。今回は画面を見ながら話をしたかったから。…じゃあ、仕方ないね。机の並べ方をなるべく話しやすいようにしてくれる？
M：わかりました。

男の人はこれからどうしますか。

주요어휘

☐ **まずい**：곤란하다, 좋지 않다

☐ **画面**：화면

4番　정답3

07 2회

母親と息子が話しています。息子はまず何をしますか。

F：ひろし、ちょっとお願いがあるんだけど。
M：何？
F：庭の掃除をしてくれないかなあ。風で葉っぱが飛んできてるのよ。
M：いいけど、今、宿題してるから、終わってからでいい？
F：いいよ、もちろん。あと、掃除が終わったら、洗濯物を中に入れといてくれる？　もうすぐ雨が降りそうだから。
M：わかった。お母さんはこれから出かけるの？
F：うん、ちょっと歯医者にね。５時に予約だから。
M：ふーん…。あれ？　雨かなあ。もう降ってきたんじゃない？
F：あ、ほんとだ、すぐ入れないと。ひろし、いい？　私、もう行かないといけないから。
M：わかった。やっとくよ。

息子はまず何をしますか。

주요어휘

☐ **入れといて**：넣어 둬

☐ **入れないと**：넣지 않으면

☐ **やっとくよ**：해 둘게

5番　정답2

08 2회

図書館で、男の人が係の人と話しています。男の人は明日、何を持ってきますか。

M：すみません、この本を借りたいんですが…。
F：図書館カードはお持ちでしょうか。
M：いえ、今日、初めて利用するので…。
F：そうですか。では、カードをお作りしますので、こちらにご住所とお名前をお書きください。
M：はい。…これでいいですか。
F：はい。…あ、市内にお住まいじゃないんですか。

M：あ、はい。

F：申し訳ありません。市内にお住まいの方じゃないと、貸し出しができないんです。

M：そうなんですか。職場に近いから、利用したかったんですが…。

F：職場は市内なんですか。

M：ええ。ここからすぐのところにあります。

F：でしたら、お作りできますよ。何か、それがわかるものはありますか。

M：ああ、今はないですね。いいですよ、明日また来ますので。

F：そうですか。わかりました。

男の人は明日、何を持ってきますか。

주요어휘

☐ **市内**：시내

☐ **職場**：직장

6番　정답4

09 2회

男の人と女の人が会社のパーティーの準備をしています。女の人はまず何をしますか。

F：テーブルはこんな感じでいいかな？

M：うーん、テーブル同士が離れすぎてない？もっと近いほうがいろいろな人と話せていいと思う。

F：そうね。じゃあ、動かそう。

M：あ、待って。コップを置いたままじゃ危ないよ。

F：あ、ごめん、ごめん。まずはコップね。あ、そう言えば、お皿とコップの数なんだけど、これで足りそう？

M：えーと、結局、何人来るんだっけ？　参加者のリストは？

F：ちょっと待って。…あ、しまった！　会社に置いてきちゃった！

M：えっ、忘れてきたの!?　受け付けができないじゃない！

F：ごめんなさい。

M：ここはいいから、早くとってきて。

F：うん。

女の人はまず何をしますか。

주요어휘

☐ **～っけ？**：～였나?

☐ **しまった**：아차, 아뿔싸, 큰일이다

☐ **置いてきちゃった**：두고 와 버렸다

☐ **できないじゃない**：불가능하지 않을까?

問題2（ポイント理解）

例　정답1

11 2회

女の学生と男の学生が電話で話しています。男の学生は、どうして家を出るのが遅くなりましたか。

F：ちょっと早めに着いたから、先に店に行ってるね。田中君は今どこ？

M：今家を出たところ。30分くらい待って。

F：えー、遅いよ。お昼食べる時間、なくなっちゃうじゃない。

M：ごめん、実は朝から体がだるくて…。ちょっと熱があるみたいで…。

F：そうなの？　じゃあ、今日のセミナーはやめといたら？

M：…大丈夫だよ。

F：同じようなのを定期的にやってるから、また行けばいいよ。それより家で寝てたほうがいいって。

M：うーん…わかった。

男の学生は、どうして家を出るのが遅くなりましたか。

1番　정답2

12
2회

会社で、男の人と女の人が話しています。女の人はどうして会社をやめますか。

M：田中さん、会社、やめるって聞いたんですが、本当ですか。
F：え、うん。
M：どうしてなんですか。
F：主人が転勤することになったのよ、大阪に。
M：ああ、それでですか。じゃあ、別に会社がいやになったから、というわけじゃないんですね。
F：うん、全然。この会社、結構好きだし。通えるなら通いたいけど、大阪だからね。
M：むこうでまた働くんですよね。もう次のところは決まってるんですか。
F：まだまだ。急に決まったことだし。新しい仕事はむこうに引っ越してから。
M：そうか…。でも、せっかくだから、ちょっと休んだらどうですか。２週間くらい旅行に行くとか。
F：そうねえ、余裕があればね。
M：じゃあ、ちょっと寂しくなるけど、むこうで頑張ってください。
F：うん、ありがとう。

女の人はどうして会社をやめますか。

주요어휘

☐ **転勤(する)**：전근
☐ **結構**：제법, 충분히
☐ **余裕がある**：여유가 있다

2番　정답3

13
2회

外国人留学生がスピーチをしています。日本人のよくないところは何だと言っていますか。

M：私が日本に来て思うことは、日本人は時間に厳しいということです。バスや電車の時間はいつも正しいし、友達と約束しても、遅れることはほとんどありません。すごいなあと感心します。でも反対に、バスや電車が遅れたり、友達が約束に遅れたりすると、待っている人はとてもイライラします。決められたことを守るのはいいことだと思いますが、いつもいつも時間を気にするのは、どうなんでしょうか。たまには、ゆっくり時間を過ごすのもいいのではないでしょうか。

日本人のよくないところは何だと言っていますか。

주요어휘

☐ **感心する**：감탄하다
☐ **イライラする**：안절부절 못하다, 짜증나다
☐ **気にする**：걱정하다
☐ **たまには**：때로는

3番　정답3

14
2회

テレビで、新製品について説明しています。この製品について、特にどんなところがいいと言っていますか。

M：家族が増えたから、もっと大きい冷蔵庫がほしいけど、置く場所がないとお思いのあなた、この冷蔵庫がおすすめです。中の広さは今までの冷蔵庫の1.3倍なのに、大きさは今までのものと同じなんです。つまり、今、冷蔵庫を置いてある場所にそのまま置けて、今よりたくさん物が入れられるんです。しかも、一か月の電気代が今までの約半分。うれしいですね。そして気になるお値段ですが、今回は特別価格の７万５千円です。もちろん、全国どこでも送料は無料です。ほしいと思った方は、こちらにお電話を！

この製品について、特にどんなところがいいと言っていますか。

1→ 전기료가 싼 것은 「しかも」 뒤에 있으므로, 제일 좋은 점이 아님.

4→ (둘 장소에 곤란한 점은 없지만) 작다고는 하지 않았음.

주요어휘

△ **おすすめ**：권장함, 추천

☐ **つまり**：결국, 요컨데

☐ **しかも**：게다가, 더구나

☐ **価格**：가격

☐ **送料**：배송료

4番　정답3

15 2회

大学の事務室で、男の学生が係の人と話しています。男の学生は何ができないですか。
だいがく じむしつ おとこ がくせい かかり ひと はな

M：すみません、102教室を使いたいんですが。
イチマルニきょうしつ つか
F：102ですか。使用目的は何ですか。
イチマルニ しようもくてき なん
M：授業で発表があるんですが、その前に学生だけで練習したいんです。
じゅぎょう はっぴょう まえ がくせい
F：わかりました。いつから使いたいんですか。
M：ああ、今からです。３時間くらい使いたいんです。
F：学生だけの場合、２時間までなんです。
がくせい ばあい じかん
M：そうですか。わかりました。あのう、マイクはお借りできますか。
F：マイクですね。1本でいいですか。
M：はい。
F：じゃあ、マイクと、これが部屋の鍵です。机などは元の状態に戻しておいてください。
M：わかりました。ありがとうございます。

男の学生は何ができないですか。

주요어휘

☐ **使用目的**：사용목적

☐ **マイク**：마이크

☐ **状態**：상태

5番　정답4

16 2회

女の人と男の人が話しています。男の人はどうして疲れているのですか。
おんな ひと おとこ ひと はな おとこ ひと

F：山田君、なんだか疲れてるみたいだけど、どうしたの？
M：うん、ちょっとね。
F：アルバイトのし過ぎじゃないの？　夜遅いんでしょ？　レストラン。
M：遅いよ。それに、急に一人やめちゃってね。だから、今、毎日出ているよ。
F：そうなんだ。
M：でも、それはいいんだよ、しょうがないから。働いたら、その分お金ももらえるし。
F：じゃあ、何？
M：仕事じゃなくて、行き帰りのこと。
F：自転車で行ってるんでしょ？　15分ぐらいじゃなかったっけ？
M：そう。でも、自転車がこわれちゃって、今、ないんだ。
F：えっ？　じゃあ、昨日はどうやって行ったの？　もしかして…。
M：そう。歩くには遠かったよ。もう、足が痛くて。

男の人はどうして疲れているのですか。

주요어휘

☐ **なんだか**：왠지

☐ **行き帰り**：왕복, (여기서는) 갈 때와 올 때

6番　정답3

17 2회

男の人と女の人が話しています。女の人が携帯電話を変えた一番の理由は何ですか。
おとこ ひと おんな ひと はな おんな ひと けいたいでん
わ か いちばん りゆう なん

M：あれ？　ケータイ変えた？
F：うん。
M：ああ、一番新しいやつだ。いいね。使ってみてどう？
F：今までにない機能がいろいろあって楽しいよ。写真もすごくきれいだし、撮った写真の色を変えたり、写真に絵をかいたりできるの。それをすぐ友達に送れるしね。
しゃしん と しゃしん いろ
M：へー。写真をよく撮る人にはすごくいいね。

F：それだけじゃないよ。調(しら)べたいことを口(くち)で言(い)うだけで調(しら)べてくれるし。
M：へー、いいな。でも、高(たか)かったんじゃない？
F：それが、すごく安(やす)く買(か)えたの。私(わたし)、ずっとABCフォンのケータイを使(つか)ってたから。特別(とくべつ)割引(わりびき)。
M：ああ、同(おな)じ携帯電話会社(けいたいでんわがいしゃ)のを使(つか)ってたら、安(やす)くしてくれるんだよね。
F：そう。でないと、わざわざ新(あたら)しいのに買(か)い替(か)えたりしないよ。

女(おんな)の人(ひと)が携帯電話(けいたいでんわ)を変(か)えた一番(いちばん)の理由(りゆう)は何(なん)ですか。

주요어휘

□ **機能(きのう)**：기능
□ **割引(わりびき)(する)**：할인
□ **わざわざ**：일부러
□ **買(か)い替(か)える**：새로운 것으로 교체하다

問題(もんだい)3（概要理解(がいようりかい)）

例(れい) 정답**2** 20 2회

留守番電話(るすばんでんわ)のメッセージを聞(き)いています。

F：田中(たなか)です。先日(せんじつ)は森(もり)さんのお祝(いわ)いの会(かい)に誘(さそ)っていただき、ありがとうございました。私(わたし)もぜひ参加(さんか)したいと思(おも)っていたのですが、昨日(きのう)から娘(むすめ)が熱(ねつ)を出(だ)してしまいました。夫(おっと)も明日(あした)は仕事(しごと)ですし、今回(こんかい)はちょっと行(い)けそうにありません。皆(みな)さんとも久(ひさ)しぶりで、お会(あ)いできるのを楽(たの)しみにしていたので、とても残念(ざんねん)です。森(もり)さんには、また私(わたし)からも電話(でんわ)します。本当(ほんとう)にすみません。

田中(たなか)さんが一番(いちばん)言(い)いたいことは何(なん)ですか。
1 娘(むすめ)が熱(ねつ)を出(だ)している
2 お祝(いわ)いの会(かい)には参加(さんか)できない
3 みんなに会(あ)うのが楽(たの)しみだ
4 森(もり)さんに電話(でんわ)しておく

1番(ばん) 정답**3** 21 2회

女(おんな)の人(ひと)と男(おとこ)の人(ひと)が息子(むすこ)について話(はな)しています。

F：最近(さいきん)、たけしと話(はな)した？
M：いや、どうかしたの？
F：せっかく大学(だいがく)に合格(ごうかく)したのに、行(い)かないって言(い)うのよ。
M：えーっ!? あんなに勉強(べんきょう)してやっと合格(ごうかく)したのに!?
F：そう。理由(りゆう)を聞(き)いても働(はたら)きたいって言(い)うだけで…。
M：そうか…。まじめなやつだから、何(なに)か考(かんが)えてるんだろうけど。
F：今(いま)から働(はたら)くったって、就職(しゅうしょく)なんかできないでしょう。それに、何(なん)の仕事(しごと)をするって言(い)うの？
M：まあ、そうだけど…。とにかく、話(はなし)を聞(き)いてみないと。
F：そうね、あなたにはちゃんと話(はなし)をしてくれると思(おも)う、男同士(おとこどうし)だし。
M：じゃあ、話(はな)してみるか。たけしは部屋(へや)にいる？
F：ええ。お願(ねが)いね。

父親(ちちおや)は息子(むすこ)の考(かんが)えについて、どう思(おも)っていますか。
1 賛成(さんせい)だ
2 反対(はんたい)だ
3 まだわからない
4 まじめだ

주요어휘

□ **せっかく**：모처럼, 애써
□ **やつ**：녀석
□ **就職(しゅうしょく)(する)**：취직
□ **男同士(おとこどうし)**：남자끼리

2番 정답4

22 2회

女の人と男の人が話しています。

F：ごめんください。
M：ああ、山田さん。旅行から帰られたんですね。
F：ええ。あの、これ、旅行のおみやげです。
M：ああ、どうもすみません。ありがとうございます。今、ちょうど散歩に行ってるんですよ。もうすぐ帰ってきますから、それまで、ちょっと上がって待ってください。
F：ああ、そうなんですか。じゃあ、すみません。
M：いえいえ。
F：いい子にしていましたか。
M：ええ。すぐなついてくれたし、吠えたりもしなかったし。うちの子も、二人とも犬が大好きだから、楽しかったですよ。ずっと一緒に遊んでました。
F：そうですか。それはよかったです。
M：また、いつでも言ってください。
F：そう言ってもらえると、助かります。
M：いいえ。あ、帰ってきたみたいです。

山田さんは何をしに来ましたか。
1 子どもを預けに来た
2 子どもを迎えに来た
3 犬を預けに来た
4 犬を迎えに来た

주요어휘

□ (～に)なつく：따르다
□ 吠える：짖다
□ 助かる：(여기서는) 도움이 되다, 편해지다

3番 정답2

23 2회

留守番電話のメッセージを聞いています。

M：田中です。このあいだ貸したDVD、返すのいつでもいいって言ったんだけど、ちょっと状況が変わりました。弟が急に見たいって言い出したんです。申し訳ないんだけど、とりあえず、今週の土曜までに一度返してもらえないでしょうか。代わりに別のDVDを用意します。『005』の一番新しいやつ。最近、買いました。じゃ、連絡待ってます。ああ、で、その時、ついでにお昼でも行きましょう。

男の人が一番言いたいことは何ですか。
1 弟がDVDを見たいこと
2 貸したDVDを早めに返してほしいこと
3 面白いDVDを買ったこと
4 今度、一緒に食事に行きたいこと

주요어휘

□ 状況：상황

問題4（発話表現）

例 정답1

25 2회

道がわからないので、人に聞きます。何と言いますか。

F：1 東京駅に行きたいんですが。
　2 東京駅に行ってくれませんか。
　3 東京駅に行ってもいいですか。

1番 정답1

26 2회

見たいテレビ番組がありますが、出かけなければなりません。家族に何と言いますか。

F：1 7時からの番組、ビデオに録っといてもらえない？
　2 7時からの番組、ビデオで見といてもらえない？
　3 7時からの番組、ビデオを探しといてもらえない？

2→ 가족이 아니라 자신이 보고 싶은 것이라서 맞지 않음.

2番　정답2

27 2회

レストランで、注文した料理がなかなか来ません。何と言いますか。

M：1 すみません、もう食べてもいいですか。
　　2 すみません、ずいぶん前に頼んだんですが…。
　　3 すみません、その料理、こちらにお願いします。

3番　정답1

28 2회

先生にスピーチの練習をみてもらう約束をしていました。でも、その時間を変更したいです。何と言いますか。

M：1 先生、時間を変えていただけないでしょうか。
　　2 先生、時間を変えたらいいでしょうか。
　　3 先生、時間を変えさせてもらいましょうか。

주요어휘

□ **変更(する)**：변경

4番　정답3

29 2회

友達が試験に落ちました。友達に何と言いますか。

F：1 大丈夫？ 手伝おうか？
　　2 困ったなあ。失敗しちゃった。
　　3 元気出して。次があるよ。

問題5（即時応答）

例　정답2

31 2회

F：あのう、道がよくわからないので、一緒に行ってほしいんですが。

M：1 そうですね、どうぞ。
　　2 ええ、いいですよ。
　　3 はい、そうしてください。

1番　정답1

32 2회

F：すみません、このカタログ、1部いただいてもいいですか。

M：1 どうぞ、お持ち帰りください。
　　2 いいえ、結構です。
　　3 はい、いただいてください。

2番　정답3

33 2회

M：このあいだ貸してくれた本、ちょっと汚しちゃって…。

F：1 はい、汚さないように気をつけます。
　　2 そうでしたか、すみません。
　　3 いいですよ、気にしないでください。

주요어휘

□ **気にする**：걱정하다

3番　정답1

34 2회

M：この仕事は僕がやっとくから、もう帰ってもいいよ。

F：1 いいんですか。すみません。
　　2 どうもありがとうございました。
　　3 そうですね。帰ってもいいです。

주요어휘

□ **やっとく**：해 두다

4番　정답1

35 2회

F：さくら広告の鈴木ですが、田中部長をお願いします。

M：1 田中は今、別の電話に出ておりますが…。
　　2 田中部長は今、いらっしゃいません。
　　3 田中さんですね。お待ちください。

2→ 자기 회사의 직원을 회사 밖의 사람에게 말할 때는 겸양어를 사용함.

3→ 자기 회사의 직원을 회사 밖의 사람에게 말할 때는 「さん」을 붙이지 않는다.

5番 정답2

36 2회

M：明日の会議、始まりが遅くなったんだって。

F：1 えっ、まだ始まらないの？
　 2 そう…。何時からになったの？
　 3 それが、よくわからないんだ。

남자(질문자)가 문장 끝 억양을 올려 '~늦어졌대?' 라고 말하면 3번도 정답이 될 수 있음.

6番 정답1

37 2회

M：困ったなあ。あの資料がないと会議ができないよ。

F：1 会社に取りに帰りましょうか。
　 2 資料をコピーしてください。
　 3 会議をしなければなりませんよ。

2→ 「あの資料」라고 말하고 있으므로 자료는 여기에 없음.

7番 정답3

38 2회

F：来週、テニスの試合があるんです。勝てるといいんですが…。

M：1 そうですね。それがいいと思います。
　 2 うん。勝ったほうがいいですよ。
　 3 そう。がんばってください。

1→ 「といいんですが…」는 결과를 걱정할 때 사용하므로 맞지 않음.

8番 정답2

39 2회

F：家から遠いのに、毎日、どうやって学校に通っているんですか。

M：1 今日はバスで来ました。
　 2 遠いけど、自転車で来ています。
　 3 電車は毎日混んでいて大変です。

9番 정답2

40 2회

M：お返事はすぐでなくてもいいですか。

F：1 ええ、それがいいです。
　 2 はい、結構です。
　 3 ええ、早めがいいです。

모의고사 제3회 정답・해설

정답

언어지식 (문자・어휘)

問題1	
1	2
2	4
3	1
4	3
5	4
6	1
7	3
8	2

問題2	
9	1
10	3
11	3
12	1
13	4
14	3

問題3	
15	2
16	3
17	1
18	2
19	4
20	2
21	1
22	3
23	2
24	3
25	1

問題4	
26	3
27	2
28	3
29	1
30	2

問題5	
31	4
32	2
33	4
34	1
35	3

언어지식 (문법)・독해

問題1	
1	4
2	3
3	2
4	1
5	4
6	4
7	1
8	3
9	4
10	3
11	3
12	2
13	3

問題2	
14	2
15	3
16	1
17	2
18	2

問題3	
19	2
20	1
21	1
22	2
23	1

問題4	
24	1
25	3
26	2
27	4

問題5	
28	2
29	3
30	2
31	3
32	3
33	3

問題6	
34	4
35	2
36	1
37	3

問題7	
38	3
39	2

청해

問題1	
例	1
1	3
2	4
3	3
4	4
5	3
6	4

問題2	
例	1
1	1
2	4
3	4
4	2
5	2
6	1

問題3	
例	2
1	3
2	2
3	2

問題4	
例	1
1	1
2	2
3	2
4	3

問題5	
例	2
1	2
2	1
3	1
4	3
5	2
6	2
7	1
8	1
9	2

※해설에서는 「주요어휘」에 N3 레벨의 어휘를 싣고, 체크박스(□)를 붙였습니다. 설명을 위해 사용한 일부 어려운 어휘에는 △가 붙어 있습니다.

언어지식 (문자·어휘)

問題 1
もんだい

1 정답 2

□ **就職(する)**：취직
しゅうしょく

▶ □**就**＝シュウ／つ－く

(～に) 就く：취업하다, 취임하다

㉔ 仕事に就く(취직하다, 일하다)、就業時間(노동시간)、
しごと つ しゅうぎょう じかん
社長に就任する
しゃちょう しゅうにん

▶ □**職**＝ショク
しょく

しょくば むしょく

㉔ 職場(직장)、無職(무직)

2 정답 4

□ **床**：바닥

▶ □**床**＝ショウ／ゆか、とこ

㉔ 床屋、起床(기상)、フォークを床に落とす
とこや きしょう ゆか お

오답해설 1 窓 2 柱 3 壁
まど はしら かべ

3 정답 1

□ **充電(する)**：충전
じゅうでん

▶ □**充**＝ジュウ／あ－てる

㉔ 充分(な) (＝十分(な))、充実(する)

▶ □**電**＝デン

㉔ 電池、電力の供給(전력 공급)
でんち でんりょく きょうきゅう

4 정답 3

□ **貯金(する)**：저금
ちょきん

▶ □**貯**＝チョ

㉔ 貯金箱

5 정답 4

□ **免許**：면허
めんきょ

▶ □**免**＝メン

▶ □**許**＝キョ／ゆる－す

㉔ 入学許可(입학허가)／失敗は許されない。(실패는
にゅうがくきょか しっぱい ゆる
허락되지 않는다.)

6 정답 1

□ **建設**：건설

▶ □**建**＝ケン／た－てる

㉔ 建築の技術(건축 기술)、建物
けんちく ぎじゅつ たてもの

▶ □**設**＝セツ／もう－ける

㉔ 設備(설비)、施設(시설)
せつび しせつ

오답해설

2 建築 3 見学 4 検討(검토)／見当(짐작)
けんちく けんがく けんとう けんとう

7 정답 3

□ **怖い**：무섭다

▶ □**怖**＝フ／こわ－い

㉔ 恐怖

오답해설 1 厳しい 2 辛い 4 苦しい
きび つら くる

8 정답 2

□ **体調**：몸 상태, 컨디션
たいちょう

▶ □**体**＝タイ／からだ

㉔ 体重、団体 (단체, 例：団体旅行、団体受験、
たいじゅう だんたい れい だんたいりょこう だんたいじゅけん
ボランティア団体)
だんたい

▶ □**調**＝チョウ／しら－べる

㉔ **調査(する)** (조사)

問題2
もんだい

9 정답 **1**

□ **休業** : 휴업
きゅうぎょう

▶ □ **休** = キュウ／やすーみ、やすーむ

(예) 休日、連休、運休(운항 정지)
きゅうじつ れんきゅう うんきゅう

▶ □ **業** = ギョウ

(예) 授業、企業、産業、商業、卒業
じゅぎょう きぎょう さんぎょう しょうぎょう そつぎょう

10 정답 **3**

□ **育つ** : 자라다, 성장하다
そだ

▶ □ **育** = イク／そだーつ／そだーてる

(예) 野菜を育てる
やさい そだ

11 정답 **3**

□ **向かい** : 맞은 편
む

▶ □ **向** = コウ／むーかい、むーかう

(예) 方向、傾向(경향)、駅に向かう
ほうこう けいこう えき む

12 정답 **1**

□ **悲しい** : 슬프다
かな

▶ □ **悲** = ヒ／かなーしい

(예) 悲話、悲劇、悲しい歌
ひわ ひげき かな うた

13 정답 **4**

□ **面倒(な)** : 귀찮음, 번거로움, 폐
めんどう

▶ □ **面** = メン／おもて、つら

(예) 正面の入口(정면입구)、月の表面、面接(する)
しょうめん いりぐち つき ひょうめん めんせつ

▶ □ **倒** = トウ、ドウ／たおーれる、たおーす

(예) 木が倒れる、相手を倒す
き たお あいて たお

14 정답 **3**

□ **完全(な)** : 완전
かんぜん

▶ □ **完** = カン

(예) ビルが完成した。／手術は無事、完了した。
かんせい しゅじゅつ ぶじ かんりょう

▶ □ **全** = ゼン／すべーて、まったーく

(예) 全部食べた。／全然面白くない。／全て本
ぜんぶ た ぜんぜんおもしろ すべ ほん
当だ。／全く知らない。
とう まった し

問題3
もんだい

15 정답 **2**

□ **頼み** : 부탁
たの

(예) 彼の頼みなら、断れない。
かれ たの ことわ

오답해설

1 **疑い**
うたが
(예) ガンの疑いがあると医者に言われた。(암일
うたが いしゃ い
가능성이 있다고 의사가 말했다.)

3 **喜び**
よろこ
(예) 絵で喜びを表現した。(그림으로 기쁨을 표현
え よろこ ひょうげん
했다.)

4 **誘い**
さそ
(예) 食事の誘いを受けた。(식사하러 가자고 했다.)
しょくじ さそ

16 정답 **3**

□ **ウイルス** : 바이러스　(영)virus

(예) 風邪のウイルス
かぜ

오답해설

1 **ビジネス** : 비즈니스　(영)business
(예) 新しいビジネスを始めた。
あたら はじ

2 **オフィス** : 오피스　(영)office
(예) このビルに会社のオフィスがある。
かいしゃ

4 **ボーナス** : 보너스　(영)bonus
(예) 夏のボーナスが出た。
なつ で

17 정답 1

□ **通う**(かよう) : 다니다

예 祖母は足が悪く、病院に通っている。
そ ぼ あし わる びょういん かよ

오답해설

2 **勤める**(つとめる) : 근무하다, 종사하다
예 A社に勤める。

3 **働く**(はたらく) : 일을하다　예 A社で働く。

4 **訪ねる**(たずねる) : 방문하다
예 挨拶のため、A社を訪ねる。

18 정답 2

□ **修正(する)**(しゅうせい) : 수정

예 データを修正する。

오답해설

1 **修理(する)**(しゅうり) : 수리　예 車を修理する。

3 **変更(する)**(へんこう) : 변경　예 予定を変更する。

4 **変化(する)**(へんか) : 변화　예 色が変化する。

19 정답 4

□ **だいぶ/だいぶん** : 꽤, 상당히, 많이

예 漢字がだいぶ読めるようになった。

오답해설

1 **たまに** : 가끔
예 たまに図書館で本を借りる。

2 **たいてい** : 대부분, 대개
예 日曜日はたいてい家にいる。

3 **まれに** : 어쩌다 드물게
예 まれにビールを少し飲むことがある。

20 정답 2

□ **臭い**(くさい) : 구리다, 역한 냄새가 나다

예 牛乳が臭くなっている。

오답해설

1 **痛い**(いたい) : 아프다
예 頭が痛い。

3 **辛い**(からい) : 맵다
예 この料理はちょっと辛い。

4 **かゆい** : 가렵다
예 背中がかゆい。

21 정답 1

□ **むっとする** : 화가 나다, 불끈하다

예 姉は、店員に母と間違われて、むっとしていた。
あね てんいん はは まちが

오답해설

2 **さっと**
예 娘はその本をさっと隠した。(재빨리)

3 **ほっと(する)**
예 財布が見つかって、ほっとした。(안심했다)

4 **さっさと**
예 さっさと帰ろう。(얼른)

22 정답 3

□ **(面倒を)見る**(めんどう/み) : 돌봐 주다, 보살피다

예 子供のころ、祖母に面倒を見てもらっていた。
こ ども そ ぼ めんどう み

오답해설

1 **持つ**(もつ) : 들다, 가지다　예 責任を持つ

2 **やる** : 주다
예 仕事をやる／犬にえさをやる

4 **する** : 하다　예 連絡をする

23 정답 2

□ **無責任(な)**(むせきにん) : 무책임함

無〜(む) : 아무것도 없는 것, 무〜

예 政治に無関心な若者／これは事故とは無関係だ。／無意識に鍵をかけた。(무의식적으로 열쇠를 잠갔다.)
せい じ む かんしん わかもの じ こ む かん

오답해설

1 不～(ふ) : ~하지 않음, 불~, 부~
예 不幸(ふこう)(な)、不親切(ふしんせつ)(な)、不参加(ふさんか)
3 非～(ひ) : ~가 아닌 것, 비~
예 非常識(ひじょうしき)(な)、非科学的(ひかがくてき)(な)
4 未～(み) : 아직 ~의 상태가 아닌 것, 미~
예 未完成(みかんせい)、未使用(みしよう)、未経験(みけいけん)

24 정답 3

□ **感想(かんそう)** : 감상
예 旅行(りょこう)の感想(かんそう)を聞(き)いてみた。

오답해설

1 **感謝(かんしゃ)(する)** : 감사
예 日頃(ひごろ)の感謝(かんしゃ)の気持(きも)ちを伝(つた)えた。
2 **感情(かんじょう)** : 감정
예 あの人(ひと)は感情(かんじょう)がすぐ顔(かお)に出(で)る。
4 **感心(かんしん)(する)** : 감탄
예 彼女(かのじょ)の努力(どりょく)には感心(かんしん)する。
(그녀의 노력에 감탄한다.)

25 정답 1

□ **勝手(かって)(な)** : 제멋대로함
예 勝手(かって)に人(ひと)の物(もの)を使(つか)わないでほしい。

오답해설

2 **上手(じょうず)(な)** : 능숙함, 솜씨가 좋음
예 彼女(かのじょ)は料理(りょうり)が上手(じょうず)だ。
3 **下手(へた)(な)** : 서투름
예 彼(かれ)は歌(うた)が下手(へた)だ。
4 **相手(あいて)** : 상대
예 電話(でんわ)の相手(あいて)、結婚相手(けっこんあいて)、相談相手(そうだんあいて)

問題(もんだい) 4

26 정답 3

□ **暗記(あんき)(する)** : 암기
예 子供(こども)のころ、この詩(し)を暗記(あんき)させられた。

27 정답 2

□ **プラス(する)** : 플러스, 더하기, 보탬 영plus
예 この金額(きんがく)に税金(ぜいきん)がプラスされる。

28 정답 3

□ **診察(しんさつ)(する)** : 진찰
예 診察時間(しんさつじかん)

29 정답 1

□ **曖昧(あいまい)(な)** : 애매
예 曖昧(あいまい)な表現(ひょうげん)

30 정답 2

□ **考(かんが)え直(なお)す** : 다시 생각하다, 생각을 바꾸다
예 大学(だいがく)を辞(や)めようと思(おも)ったが、考(かんが)え直(なお)して続(つづ)けることにした。

問題(もんだい) 5

31 정답 4

□ **整理(せいり)(する)** : 정리
예 本(ほん)だなを整理(せいり)して、いらない本(ほん)を捨(す)てた。

오답해설 1·2·3 整(ととの)える 등이 적당.

제 1 회 제 2 회 제 3 회 문자·어휘 문법 독해 청해

32 **정답 2**

□ **行う(おこなう)** : 실시하다

예 10時(じ)から会議(かいぎ)を<u>行(おこな)う</u>。

오답해설 1 · 3 · 4 行(い)く 등이 적당.

33 **정답 4**

□ **アクセス(する)** : 접근 영 access

예 ここからはインターネットに<u>アクセス</u>できない。

오답해설 1 寄(よ)った、2 報告(ほうこく)、3 連絡(れんらく) 등이 적당.

34 **정답 1**

□ **不満(ふまん)** : 불만

예 会社(かいしゃ)のやり方(かた)に<u>不満(ふまん)</u>がある。

오답해설

2 足(た)りない、3 満席(まんせき)じゃない、4 いっぱいじゃない 등이 적당.

35 **정답3**

□ **避(さ)ける** : 피하다

예 渋滞(じゅうたい)を<u>避(さ)けて</u>、別(べつ)の道(みち)で行(い)った。

오답해설

1 移(うつ)る、2 ゆずる (양보하다)、4 すれ違(ちが)う (엇갈리다) 등이 적당.

언어지식 (문법)・독해

문법

問題 1

1 정답 4

□ **～を通じて**：～를 통해

㊞ 彼女とは先生を通じて知り合った。(＝先生の紹介で

오답해설

1 日本では車は右側を通ります。
2 公園を通って行くと近いです。
3 祖母は週に２回、教室 に通って、パソコンを覚えた。

2 정답 3

□ **～にすぎない**：～에 지나지 않다

㊞ 古いと言っても50年ぐらい前のものにすぎない。

오답해설

1 風が強くて、傘が飛ばされそうになるぐらいだった。(=우산이 날아갈 뻔한 정도였다)
2 事故は警察を通じて知らされた。(사고는 경찰을 통해 알게 되었다.)
4 学生にとって 就職は大きな問題だ。

3 정답 2

□ **～べきだ**：～해야 한다

㊞ 学生なら、もっと勉強すべきだ。(＝勉強するのが当然だ)

오답해설

1 歯が痛くて噛めないから、柔らかいものを食べるよりほかない。(=먹을 수밖에 없다)
3 歯は痛いが、何も食べられないわけではない。
4 会社を休みたいときは、この書類を出すことになっている。(=제출하게 되어 있다)

4 정답 1

□ **～に関して**：～에 관해서

㊞ 法律に関して専門的な勉強をしたことはない。(＝法律について)

오답해설

2 皆の予想に反して、彼は１位になった。(=예상과 반대로)
3 この調査によれば、今年の夏の暑さは過去最高だったそうだ。(=조사에 따르면)
4 医学の進歩によって、がんも治るようになってきている。(=로)

5 정답 4

□ **～に対して**：～에 대해

㊞ 将来に対して、少し不安がある。

오답해설

1 子供にとって一番必要なのは親の愛情だ。
2 去年と違って今年の冬は寒い。
3 妹は、帰ってくると、疲れたと言ってすぐに寝てしまった。

6 정답 4

□ **〜出たばかり**：〜나가자마자

㉑ 妻は今買い物に出たばかりで、しばらく戻って来ません。
(＝出てから時間がたっていない状況)

오답해설

1 ホテルを出てから、しばらく町を見学した。
2 家を出たとたん、雨が降ってきた。
(=집을 나서자마자)
3 社会に出てはじめて仕事の辛さがわかった。

7 정답 1

□ **〜にわたって**：〜에 걸쳐

㉑ 大会は、10日間にわたって行われる。
(＝10日間を範囲として)

오답해설

2 雨が降っているあいだは喫茶店にいよう。
3 雨が降らないうちに帰ろう。(=내리기 전에)
4 座席に座る際に番号をご確認ください。
(=때에)

8 정답 3

□ **うかがいたい**：방문하고 싶다

㉑ 3時頃お部屋にうかがいたいのですが。
(＝行きたい)

오답해설

2 ご両親にお目にかかりたいのですが。
(=만나뵙고 싶다)
4 差し上げたいものがありますので、ちょっとお待ちください。(=드리고 싶다)

9 정답 4

□ **帰れ**：돌아가

㉑ 先生「クラブ活動が終わったら、すぐ帰れよ」
生徒「はい、わかりました」

오답해설

1 今日はこれで帰ります。
2 もう5時だから帰りましょう。
3 熱のある子どもは、すぐ家に帰らせます。

10 정답 3

□ **〜際に**：〜때, 〜일 때는

㉑ ドアが閉まる際に手をはさまれないように気をつけてください。

오답해설

1 風が吹き始め、次第に空が暗くなってきた。
(=점점)
2 説明書に書いてある通りに組み立てた。
(=쓰여있는 대로)
4 講演の最中に、隣の人が携帯で話し始めた。(=한창 강연 중에)

11 정답 3

□ **〜しかない**：〜밖에 없다

㉑ 停電で何もできないから、寝るしかない。
(＝以外何もできない)

오답해설

1 田中さんは風邪をひいているみたいだ。
(=〜인 것 같다)
2 夕飯は僕が作ることになっている。
(=〜하게 되어 있다)
4 今日は大雪になる恐れがある。
(=〜할 우려가 있다)

12 정답 2

□ **〜つもりだった**：〜할 생각이었다

㉑ 夕飯はカレーにするつもりだったんだけど、買い物に行けなかったから、ラーメンね。

오답해설

1 今まで冬にこんなに雨が降ることはなかった。

3 彼は忙しいに違いなかったが、会を欠席するとは思わなかった。(=바쁜 것이 틀림없다)

4 優しい彼が、そんなことを言うわけがなかった。(=말할 리가 없었다)

13 정답 **3**

□ **～てしょうがない**：～해서 죽겠다

예 みんなの前で失敗して、恥ずかしくてしょうがない。(=とても恥ずかしい)

問題 2

14 정답 **2**

このゲーム $_{1}$ほど $_{3}$おもしろい $_{2}$遊びは $_{4}$ないと 思います。

15 정답 **3**

引っ越しの日を $_{2}$言って $_{4}$くれれば $_{3}$手伝いに $_{1}$行った のに。

16 정답 **1**

お金を $_{2}$払って $_{3}$からでないと $_{1}$品物を $_{4}$送って くれないそうだ。

17 정답 **2**

この窓、$_{4}$いくら $_{3}$拭いても $_{2}$ちっとも $_{1}$きれい に ならない。

18 정답 **2**

この辺りは、景色が美しい $_{3}$だけでなく $_{4}$多くの野生動物が $_{2}$見られる $_{1}$ことでも 有名だ。

問題 3

19 정답 **2**

「生活で使われる」물건의 예를 제시하는 부분. 예를 제시할 때의 표현이 들어간다.

오답해설

1 예 自然がつくった物であって、人間がつくった物ではない。

3 예 紙で作った物のように軽かった。

4 예 うちの子はまだ小さいから、ときどき物に対して話しかけている。

20 정답 **1**

앞 문장의 「消えてしまったもの」를 가리키는 말이 들어간다.

오답해설

2 예 子「あの大きい星、なんていう星？」
母「あれは*金星よ。」 ＊金星：금성

3 예 すみません、あなたの前にあるその資料、ちょっと取ってください。

4 예 A「駅前のカフェで話そうか。」
B「あの店のコーヒー、まずいから、別のところにしようよ。」

21 정답 **1**

'(레코드에 대한)설명을 덧붙이는 표현'이 들어간다.

오답해설

2 예 彼は子どものころ、アメリカに住んでいたんです。だから、英語が話せるんです。

3 예 今朝起きたら雪が積もっていた。それで、長靴をはいて出かけた。

4 예 5万円借りてすでに3万円返した。つまり、借金は2万円だ。

22 **정답 2**

앞 문장의「『レコード』という言葉(ことば)はない」를 받는 내용이 들어간다→'레코드는 들어있지 않음'을 나타내는 표현.

오답해설

1 ㊐ 棚(たな)にはレコードだけでなく、本(ほん)も置(お)いてあった。

3 ㊐ 棚(たな)にはレコードといっしょに本(ほん)も並(なら)べてあった。

4 ㊐ 作品(さくひん)を表(あらわ)す場合(ばあい)は、レコードとは言(い)わないでアルバムと言(い)う。

23 **정답 1**

좁은 방에서 생활하는 필자에게 있어서 작은 CD는 어떤가. CD에 대한 견해가 기술되어있는 표현이 들어간다.

오답해설

2 ㊐ 給料(きゅうりょう)が上(あ)がっても、仕事(しごと)が増(ふ)えるのではありがたいわけがない。

3 ㊐ 彼(かれ)の歌(うた)を聞(き)いたが、あまり気持(きも)ちをこめている感(かん)じではなかった。

4 ㊐ 先生(せんせい)には、生徒全員(せいとぜんいん)の気持(きも)ちがこもった歌(うた)をプレゼントしたい。

독해

問題 4 (短文)

(1)「침대를 넘기겠습니다」

24 정답 1

「譲る」가 키워드. 이 글을 쓴 사람은 싸게 팔려고 생각하고 있다.

오답해설

2→「借りる」라는 말은 본문에 없음.

3→「配達を無料に」라고는 쓰여있지 않음.

4→「何かがもらえる」고는 쓰여있지 않음.

주요어휘

☐ 希望(する)：희망

☐ 満足(する)：만족

(2)「여행가방」

25 정답 3

「うかがう」가 키워드. 새로운 것을 사는 것이 좋은지, うかがう(물을)필요가 있다. 또한, 빠른 시일 내에 うかがいたい(방문하고 싶다)라고 생각하고 있다.

오답해설

2→「買って返す」하는 것은 (상대의 희망을) 들으러 간 뒤의 일임.

4→「おみやげ」에 대해서는 전혀 다루지 않음.

주요어휘

☐ 先日：일전에

☐ 傷：상처

☐ 申し訳ありません：죄송합니다

(3)「아이들의 휴대전화」

26 정답 2

마지막 한 문장이 포인트→「どんな変化が起きているのか(＝어떤 영향을 미치는가)」「親は日頃から注意をして(＝항상 관심을 가지고) おかなければならない」.

오답해설

1, 3→ '인터넷', '기능의 수'에 대해서는 쓰여있지 않음.

4→ '아이가 친구와 어떻게 해야하는지'에 대해서 특별한 의견은 기술하고 있지 않음.

주요어휘

☐ なんとなく：왠지 모르게, 어쩐지

☐ 共働き：맞벌이

☐ きっかけ：계기

☐ 犯罪：범죄

☐ 日頃から：평소에

☐ 影響：영향

☐ 機能：기능

(4)「공공 택시」

27 정답 4

「タクシー会社」에 대해서는 전혀 다루지 않았다.

오답해설

1, 2→ 각각 3행, 6행에 쓰여있음.

3→「登録さえしておけば…利用でき」라고 되어있음.

주요어휘

☐ 公共：공공

☐ 地域：지역

☐ 高齢者：고령자

☐ 移動(する)：이동

△ 受診(する) : 진료
□ 自宅 : 자택
△ 登録(する) : 등록

問題 5 (中文)

(1) 「아침 독서」

28 정답 **2**

네 번째 행 「もともとは」「生徒たちが落ち着いて授業が始められるように」에 주목.

오답해설

1→ 「本を読む楽しさ」는 다루지 않음.

3, 4→ 「たくさん本を読むようになる」「難しい本が読めるようになる」는 '현재의 목적'의 예.

29 정답 **3**

학생들 간의 싸움에 대해서는 쓰여있지 않다.

오답해설

1→ 여덟 번째 행 「本を読むスピードが上がる」와 같은 의미.

2→ 여덟 번째 행 「本が読めない子が読めるようになった」와 같은 의미.

4→ 열 번째 행 「遅刻が減って」와 같은 의미.

30 정답 **2**

「아침 독서의 규칙: 好きな本でよい」는 「読みたい本を読む」라는 의미.

오답해설

1→ 아침 독서의 규칙에 「みんなでやる」라고 되어있음.

3→ 「国の計画」라고는 쓰여있지 않음.

4→ 「아침 독서의 규칙: ただ読むだけ」이기 때문에 「感想を話す」는 아님.

주요어휘

□ 現在 : 현재
□ もともと : 본디부터, 원래
□ 遅刻(する) : 지각
□ 欠席(する) : 결석
□ 落ち着く : 안정되다, 침착하다
□ 指示(する) : 지시
□ 効果 : 효과
□ 態度 : 태도

(2) 「자전거 도난」

31 정답 **3**

「被害にあった多くの自転車が」의 다음 부분에 주목.

오답해설

1, 4→ 「鍵がこわれていた」「鍵が1つ」등은 쓰여있지 않음.

2→ 「こわされて盗まれることもある」라고 쓰여있지만, 제일 많은 것은 아님.

32 정답 **3**

「物を置いたまま」「～から離れる」에 주목.

오답해설

1→ 「図書館や教室」는 범위가 너무 넓음.

2, 4→ 「そこ」는 「物を置いた場所」를 가리킴. 「物」도 「こと」도 장소가 아님.

33 정답 **3**

「盗まれて困るような物」에 대해서는 기술되어있지 않다.

오답해설

1, 2, 4→ 9~12행에 쓰여있음.

주요어휘

☐ **事件**：사건

☐ **被害**：피해

☐ **離れる**：떨어지다, 멀어지다

☐ **短時間**：단시간

☐ **確認(する)**：확인

問題 6 (長文)

「편의점」

34 정답 **4**

첫 번째 단락의 「いろいろなサービスもある」 뒷 부분에 주목.

오답해설

1→ 「ATMでお金をおろす」와 맞지 않음.

2→ 본문에는 쓰여있지 않음.

3→ 「写真をプリントする」와 맞지 않음.

35 정답 **2**

「その理由」의 앞의 문장 「X(の)はYからだ」의 X에 주목. 「これほど人々に広く利用されている」(X)의 「これ」가 가리키는 앞의 문장에도 주목.

오답해설

1, 3, 4→ 「これほど人々に広く利用され」의 「広く」는 「一人暮らしの若者…あらゆる人」가 해당. 2번 이외에는 해당 없음.

36 정답 **1**

「こんな答え」 의 뒷 문장에 주목. 「一番大切にしているのは…行動すること」가 힌트.

오답해설

2→ '스스로 생각하고 행동하는 것' 과 '손님을 생각해 행동하는 것'은 별도.

3, 4→ 의견이나 생각으로 특별히 기술하고 있지는 않음.

37 정답 **3**

두 번째 단락의 「(사람들에게 널리 이용되는) その理由は便利さだけか」 라는 부분과, 세 번째 단락의 「一番大切にしているのは…」라는 부분에 주목.

오답해설

1→ 「便利さ」만이 중요한 것은 아니라는 생각.

2, 4→이러한 것은 쓰여있지 않음.

주요어휘

☐ **日々**：매일

☐ **配達(する)**：배달

△ **今や**：지금이야말로, 이제는

☐ **一人暮らし**：독신 생활

☐ **若者**：젊은 사람

☐ **老人**：노인

△ **塾**：학원

☐ **経営(する)**：경영

☐ **行動(する)**：행동

☐ **スタッフ**：스태프

예 受付スタッフ、荷物を運ぶスタッフ

☐ **伝わる**：전해지다

問題 7 (情報検索)

「스포츠 시설 이용」

38 정답 **3**

첫 번째 단락의 「予約する前に」 의 뒷 문장과 「予約方法」을 보자.

오답해설

1, 2→ 이용자 등록은 접수처에서만 할 수 있음.

4→ 인터넷에서 지불할 수 없음.

제 1 회
제 2 회
제 3 회
문자·어휘
문법
독해
청해

39 **정답 2**

「利用料金(りようりょうきん)」에 주목. 일요일은 1시간 400엔으로 2시간 예약했을 때 지불하는 것은 800엔. 3시간 사용하기로 했기 때문에 부족분은 400엔.

오답해설

1→ 평일 3시간 이용 시의 부족분.

3→ 평일 3시간 이용 시의 요금(350엔×３).

4→ 일요일 3시간 사용 시의 요금(400엔×３).

주요어휘

△ **施設(しせつ)**：시설

☐ **体育館(たいいくかん)**：체육관

☐ **登録(とうろく)(する)**：등록

☐ **直接(ちょくせつ)**：직접

☐ **申(もう)し込(こ)み**：신청

☐ **窓口(まどぐち)**：창구

☐ **変更(へんこう)(する)**：변경

△ **取(と)り消(け)し**：취소

△ **申(もう)し出(で)る**：신청하다, 스스로 말하다

☐ **手続(てつづ)き**：수속

☐ **不足(ふそく)(する)**：부족

☐ **～分(ぶん)**：～분, ～의 양·정도

☐ **～過(す)ぎる**：너무 ～하다

☐ **お受(う)け取(と)りください**：수령해 주세요

問題 1（課題理解）

例　정답1
03 3회

会社で、女の人と男の人が話しています。女の人は、このあと、まず何をしなければなりませんか。

F：ABC広告の川島部長が、そろそろいらっしゃる時間ですね。
M：うん。資料のコピーはしてくれた？
F：はい、こちらです。6部で足りますか。
M：そうだね、ありがとう。いらしたら、2階の会議室に案内してくれる？　ぼくはもう一つ資料を持って行くから、その間にお茶を出しておいて。
F：わかりました。あ、エアコンもつけておきますね。
M：ああ、それはさっき田中さんがやってくれたみたい。じゃ、よろしくね。
F：はい。

女の人は、このあと、まず何をしなければなりませんか。

1番　정답3
04 3회

女の人2人が話しています。どのお皿を使いますか。

F1：さくら、お皿はどれを使えばいいの？
F2：スープは取っ手が付いてるやつ。
F1：え、どれ？　何色？
F2：白で、取っ手が2つ付いてるのがあるでしょ。
F1：ああ、これね。サラダは？
F2：サラダは…そうねえ…じゃあ、ガラスの丸いの。
F1：これか…。あと、パスタ。
F2：パスタは白い四角いのにして。
F1：これ？ちょっと大きすぎない？このトマトの絵がかいてあるお皿のほうがかわいいじゃない。
F2：それだと、数が足りないのよ。
F1：そうなんだ。わかった。

どのお皿を使いますか。

주요어휘

□ 取っ手：손잡이

2番　정답4
05 3회

学校で、先生が案内をしています。学生はいつまでに行かなければなりませんか。

M：えー、今日の進学・就職説明会についてですが、どちらか一つのみの参加はできません。進学説明会は午後1時からおよそ1時間の予定です。続いて、10分間の休憩のあと、就職説明会となります。最初に受付がありますので、15分前には来るようにしてください。場所は301教室です。

学生はいつまでに行かなければなりませんか。

설명회는 1시부터이므로 15분 전에 간다. 따라서 답은 4번.

주요어휘

□ 進学(する)：진학

3番　정답3
06 3회

会社で、女の人と男の人が話しています。女の人は、このあと、まず何をしなければなりませんか。

F：課長、この企画書、見てもらえませんか。
M：ああ、いいよ。…うん、大体いいと思う。
F：他社の製品と比べた部分については、どうですか。

제1회
제2회
제3회
문자·어휘
문법
독해
청해

M：わかりやすくていいと思うよ。グラフも見やすいし。…あ、でも、このスケジュールはちょっと難しいと思うなあ。もう少し余裕があったほうがいい。
F：わかりました、もう一度考えます。
M：そこを修正して…そうだなあ、あと、田中さんにも見てもらったほうがいいな。彼女はこの分野、詳しいから。
F：わかりました。
M：で、そのあとにもう一度見せてくれる？
F：はい。

女の人は、このあと、まず何をしなければなりませんか。

주요어휘

- □ **企画書**：기획
- □ **他社**：타사, 다른 회사
- □ **グラフ**：그래프
- □ **余裕がある**：여유가 있다
- □ **分野**：분야

4番　정답4

07 3회

大学で、女の学生と男の学生が話しています。女の学生はこのあとまず、何をしますか。

F：困ったなあ。今電話あったんだけど、山本さん、インフルエンザだって。
M：えっ、うそ!? 彼女、今日の司会じゃない。
F：そうなのよ。私が代わりにしてもいいんだけど、受付だし…。
M：そうだね。じゃあ、ぼくがやろうか。
F：鈴木くんは無理だよ。やることいっぱいあるじゃない。ちょっとほかのメンバーに聞いてみるよ。
M：でもさあ、やっぱり、司会は今日のイベントのことをよくわかってる人のほうがいいよ。受付を別の人にやってもらおうよ。誰かいるでしょ、友達とか後輩とか。
F：そうね、そうしようか。

女の学生はこのあとまず、何をしますか。

주요어휘

- □ **インフルエンザ**：인플루엔자, 유행성 감기
- □ **司会**：사회
- □ **メンバー**：멤버

5番　정답3

08 3회

女の人と男の人が話しています。女の人は何を着ますか。

F：ねえ、友達の結婚式に着ていく服、どっちがいいと思う？
M：あれ？ 着物を着るんじゃなかったの？
F：それは姉の結婚式。今言ってるのは友達の。来週なのよ。
M：そうなんだ。そうだねえ…僕はこっちの白いドレスのほうが好きだな。
F：えっ、白に見える？ そうかあ。じゃあ、だめだな。私もこれ、好きなんだけど、花嫁さんが白を着るからね。
M：なるほど。でも、こっちの黒はちょっと地味かもしれないね。上品で、いいデザインなんだけど。
F：うーん、新しいの買ったほうがいいのかな…。この前、花柄のかわいいドレスを見つけたんだよね、高かったけど。
M：でも、ちょっと待って。これに花か何か胸につければ？ やってる人、いるよね。すごくいいと思う。
F：あ、そういうやり方があったね！ うん、そうしよう！

女の人は何を着ますか。

주요어휘

- □ **地味(な)**：수수함, 검소함
- □ **上品(な)**：고상함, 품위가 있음
- □ **花柄**：꽃 무늬

6番　정답4

09 3회

電話で、女の人と男の人が話しています。男の人は、どうしますか。

F：はい、ふじ文化会館です。
M：あのう、今度、大会議室をお借りしたいんですが…。今月の15日の朝10時から夕方５時までです。
F：日曜日ですね。…ああ、その日は１時からしか空いてないですね。中会議室なら10時からでも大丈夫ですが。こちらは30人くらいなら入ります。
M：そうですか。でも、40人は来るからなあ…。
F：中会議室は今のところ、２部屋空いてます。
M：分けられないんですよ。うーん、困ったなあ…。
F：前の日でしたら、大会議室も一日空いてますけど…。
M：その日じゃないとだめなんです。…そしたら、午後から移動というのでもいいですか。
F：それは結構ですよ。
M：じゃあ、それでお願いします。

男の人は、どうしますか。

주요어휘

□ **移動(する)**：이동

□ **結構です**：괜찮습니다

問題２（ポイント理解）

例　정답1

11 3회

女の学生と男の学生が電話で話しています。男の学生は、どうして家を出るのが遅くなりましたか。

F：ちょっと早めに着いたから、先に店に行ってるね。田中君は今どこ？
M：今家を出たところ。30分くらい待って。
F：えー、遅いよ。お昼食べる時間、なくなっちゃうじゃない。
M：ごめん、実は朝から体がだるくて…。ちょっと熱があるみたいで…。
F：そうなの？　じゃあ、今日のセミナーはやめといたら？
M：…大丈夫だよ。
F：同じようなのを定期的にやってるから、また行けばいいよ。それより家で寝てたほうがいいって。
M：うーん…わかった。

男の学生は、どうして家を出るのが遅くなりましたか。

주요어휘

□ **セミナー**：세미나

□ **定期的に**：정기적으로

1番　정답1

12 3회

女の学生と男の学生が話しています。女の学生はどうしてアルバイトをしたいと言っていますか。

F：ねえ、何かいいアルバイトないかなあ？
M：佐藤さん、バイトするの？
F：うん、ちょっとね。してみようと思って。
M：へー、バイトとか、しないと思ってたよ。何かほしいものでもあるの？　それか、留学したいとか？
F：そういうんじゃないの。実は、４年生になったら、一人暮らしをしてみたいと思ってるの。
M：そうなんだ。どうして？
F：家で家族と住んでると、料理も洗濯も、みんな親がやってくれるじゃない？　いつまでも親に甘えちゃいけないなあって思って。
M：なるほどね。じゃあ、何かいいのがあったら教えるよ。

女の学生はどうしてアルバイトをしたいと言っていますか。

주요어휘

□ **甘える**：응석 부리다

2番　정답4

13 3회

男の学生と女の先生が話しています。女の先生はどうして教師になろうと思いましたか。

M：田中先生は、昔から教師になりたかったんですか。
F：いいえ。子どものころは洋服屋さんになりたかった。かわいい服とかドレスとか、いろんな服を着てみたいって思ってたから。
M：そうなんですか。ちょっと意外です。
F：でしょう。おしゃれが好きだったから、そのうち自分でデザインしたいって思うようになって。でも高校生の時、気がついたら、教師になろうって思うようになってた。
M：いい先生と出会ったんですか。
F：ううん、その逆。疑問とか悩みとかを話せる先生が全然いなくて…。だから、自分がなろうと思ったの。
M：そういうパターンもあるんですね。

女の先生はどうして教師になろうと思いましたか。

「私の疑問とか悩みとかを話せる先生が全然いなくて」「自分がなろうと思った」라고 되어있으므로 답은 4번.

주요어휘

□ **疑問**：의문
□ **悩み**：고민
□ **パターン**：패턴

3番　정답4

14 3회

留学生が話しています。この留学生は、特に何がうれしいと言っていますか。

F：こんにちは。私はリンといいます。台湾の大学で日本語を勉強しました。日本に来る前は、不安もたくさんありました。でも、大家さんが優しくて、いつも生活のことをいろいろ教えてくれます。日本語は難しいですが、少しずつ上達しています。いいアルバイトも見つかりました。そして、日本人の友達がたくさんできました。友達と一緒に買い物や食事をするとき、日本に来てよかったと一番感じます。

この留学生は、特に何がうれしいと言っていますか。

주요어휘

□ **上達(する)**：잘하다

4番　정답2

15 3회

旅行会社で、男の人が係の人に聞いています。男の人は、いつ旅行に行きますか。

M：来月、京都に2泊3日で行きたいんですが…。
F：3月ですね。時期はいつごろをご希望ですか。
M：まだ、はっきりとは…。
F：後半はかなり混みますよ。学生さんが春休みに入りますから。料金も1万円ほど高くなります。
M：そうですか。だったら、前半にします。じゃあ、このあたりはどうですか。泊まりが金、土で。
F：そうですね、後半に比べるとだいぶ安くなります。2泊3日だと、だいたい3万から3万3千円くらいです。平日で2泊だと、さらに5千円くらい安くなりますが…。
M：そんなに安くなるんだ。やっぱり土日に集中するんですね。でも、平日はちょっと無理です。いいですよ、この日にちで。あとは、これでホテルを選びますから。

男の人は、いつ旅行に行きますか。

「前半にします」「泊まりが金、土」라고 되어있으므로 답은 2번.

주요어휘

□ **時期**：시기
□ **希望(する)**：희망

□ **後半**：후반

□ **前半**：전반

□ **集中(する)**：집중

5番　정답2

16 3회

女の人と男の人が話しています。女の人は、どうして会社をやめようと思っていますか。

F：田中君、久しぶりね。
M：そうだね。仕事には慣れた？
F：…実は、今の会社、やめようかと思ってるの。
M：え、なんで？　大学のころ、あんなに行きたがってたところじゃない？　仕事、大変なの？
F：ううん、それはない。今のところ、誰かの手伝いばかりだし。
M：まだ1年目でしょ？　そのうち、いろいろ任されるようになるよ。
F：まあね。ただ…このまま働いてても、意味がない気がして。
M：どうして？
F：イメージしていた仕事とだいぶ違ってたのよ。だから、自分が本当にやりたいことをやるには、転職するしかないなって思って。
M：そう…。でも、もうちょっと考えてみたら？
F：うーん…。

女の人は、どうして会社をやめようと思っていますか。

주요어휘

□ **任せる**：맡기다

□ **転職(する)**：전직

6番　정답1

17 3회

男の学生と女の学生が話しています。女の学生はどうして早起きをしていますか。

M：山下さん、最近、来るの、早いね。
F：うん。早く起きるようにしたから、その影響ね。毎朝5時に起きてるよ。
M：早いねえ。何かしてるの？
F：勉強よ。今までは夜にやってたんだけど、いろいろな用事で時間が変わるし、寝るのも遅くなるし、あんまりよくないなあと思って。
M：なるほどね。
F：だから、今は寝る前は読書。そのほうがすぐ眠れるし。
M：へー。…じゃあ、最近、お弁当を持ってくるのも、早起きしてるから？
F：そう。時間に余裕があるから、自分で作るようにした。体にいいからね。あ、そうそう、休みの日はジョギングもしてる。すごく気持ちいいよ。
M：へー、いいことばかりだね。

女の学生はどうして早起きをしていますか。

주요어휘

□ **影響(する)**：영향

□ **余裕がある**：여유가 있다

問題3（概要理解）

例　정답2

20 3회

留守番電話のメッセージを聞いています。

F：田中です。先日は森さんのお祝いの会に誘っていただき、ありがとうございました。私もぜひ参加したいと思っていたのですが、昨日から娘が熱を出してしまいました。夫も明日は仕事ですし、今回はちょっと行けそうにありません。皆さんとも久しぶりで、お会いできるのを楽しみにしていたので、とても残念です。森さんには、また私からも電話します。本当にすみません。

田中さんが一番言いたいことは何ですか。
1 娘が熱を出している
2 お祝いの会には参加できない
3 みんなに会うのが楽しみだ
4 森さんに電話しておく

1番 정답3

21 3회

女の人と男の人が話しています。

F：ねえ、昨日のドラマ、見た？
M：見たよ。最終回だったね。
F：うん。すごくよかったよね、特に最後が。感動して、ちょっと泣いちゃった。
M：そう？　よくあるパターンじゃない？　最後は別れた恋人を選ぶっていう。僕はもうちょっと違う終わり方を期待してたけど。
F：えー？　どんな？
M：主人公が事故で死んじゃうとか。
F：そんなの悲しすぎるよ。やっぱり最後はハッピーに終わらないと。
M：そうかなあ。僕は予想もできないような終わり方のほうが好きだな。それに、現実はそんなにうまくいかないし。
F：いいのよ、ドラマなんだから。自分では経験できないような幸せを感じてみたいんじゃない。
M：ふーん、そんなもんかなあ。

女の人はどんなドラマがいいと言っていますか。

1 とても感動するドラマ
2 結果が予想できるドラマ
3 最後に幸せになるドラマ
4 現実の世界と違うドラマ

4→ 「現実の世界と違う」만으로는 불충분.

주요어휘

△ **最終回**(さいしゅうかい)：최종회
□ **感動(する)**(かんどう)：감동
□ **期待(する)**(きたい)：기대
△ **主人公**(しゅじんこう)：주인공
□ **予想(する)**(よそう)：예상
□ **現実**(げんじつ)：현실

2番 정답2

22 3회

留学生の男の学生と日本人の女の学生が話しています。

M：あ、田中さん、ちょっと待ってください。
F：何？
M：あのう、このはがき、何て書いてあるんですか。
F：見せて。ああ、督促状ね。
M：トクソクジョウ？　何ですか。
F：早く返してくださいっていうはがき。1か月前に借りた本をまだ返してないんでしょ？
M：あ、そうだった！
F：1週間以内に返さないと、もう貸し出しができなくなるって。
M：えっ、それは困ります。
F：早く返したほうがいいよ。
M：わかりました。…でも、どこに置いたかなあ。先生に借りたのと一緒に置いたのかなあ。
F：そうかもね。じゃあ、忘れずにね。

二人は何を見て話していますか。

1 銀行からのはがき
2 図書館からのはがき
3 先生からのはがき
4 市役所からのはがき

주요어휘

△ **督促状**(とくそくじょう)：독촉장

3番 정답2

23 3회

テレビで、男の人が話しています。

M：皆さんは朝ごはんをきちんと食べていますか。忙しいとか、眠いとか、そんな理由で、朝ごはんを食べていない人は多いと思います。しかし、朝ごはんは一日のエネルギーを体に入れる、大切なものです。朝ごはんを食べないと、ずっと眠かったり、勉強や仕事になかなか集中できなくなったりします。朝、早めに起きて、栄養のある朝ごはんをゆっくり食べるのが一番いいですが、それが無理なら、簡単なものでもいいです。少しでも何か食べることで、勉強や仕事がよくできるようになりますよ。

男の人は何について話していますか
1 朝ごはんの食べ方
2 朝ごはんの大切さ
3 朝ごはんを食べない理由
4 朝ごはんを食べる人の少なさ

주요어휘

- □ きちんと：제대로
- □ エネルギー：에너지
- □ 集中(する)：집중
- □ 早めに：빨리, 일찌감치
- □ 栄養：영양

問題4（発話表現）

例　정답1　25 3회

道がわからないので、人に聞きます。何と言いますか。

F：1 東京駅に行きたいんですが。
2 東京駅に行ってくれませんか。
3 東京駅に行ってもいいですか。

1番　정답1　26 3회

レストランで、注文していないものが運ばれてきました。何と言いますか。

M：1 これ、頼んでないんですが。
2 これ、頼まなかったかもしれません。
3 これ、頼んだことがありません。

2番　정답2　27 3회

病院に入院している友達のお見舞いに行きました。帰る時、何と言いますか。

F：1 お疲れ様。
2 お大事に。
3 お元気で。

1→ 일이 끝나고 집으로 돌아갈 때 사용.

3→ 앞으로 오랫동안 만나지 못할 때 사용.

3番　정답2　28 3회

レポートを書くために、資料を見たいです。先生に何と言いますか。

M：1 資料を見ていただけませんか。
2 資料を見せていただけませんか。
3 資料を見せてもいいですか。

4番　정답3　29 3회

店で、ほしいと思った服があります。買う前に一度着たいです。何と言いますか。

F：1 すみません、これ、着るといいですか。
2 すみません、これ、着させていいですか。
3 すみません、これ、着てみてもいいですか。

3→「～てみる」('~해 보다'라는 의미) +「～てもいい」('허가하다'라는 의미)

問題5（即時応答）
もんだい　　　　そくじおうとう

例 정답2

31 3회

F：あのう、道がよくわからないので、一緒に行ってほしいんですが。

M：1 そうですね、どうぞ。
2 ええ、いいですよ。
3 はい、そうしてください。

1番 정답2

32 3회

M：日本に来てまだ1年なのに、日本語がお上手ですね。
にほん　き　　　　　いちねん　　　　　にほんご　　　じょうず

F：1 ええ、ちょっと上手ですね。
2 そんなことありませんよ。
3 ええ、1年しかいませんので。

2番 정답1

33 3회

F：すみません、エアコンをもうちょっと強くしていただけませんか。

M：1 あ、まだ暑かったですか。すみません。
2 じゃ、消しましょうか。
3 いいですよ。お願いします。

3→ 「いただけませんか」는 부탁할 때 사용하므로 「お願いします」는 맞지 않음.

3番 정답1

34 3회

F：山田さんが結婚してるって知ってました？

M：1 ええ、子どももいるそうですね。
2 ええ、来月、結婚するんですよね。
3 うーん、たぶんしてないと思います。

3→ 야마다 씨가 결혼한 것은 사실이므로 맞지 않음.

4番 정답3

35 3회

F：また時計止まったの？ 新しいのを買ったほうがいいんじゃない？

M：1 僕は買ったほうがいいと思う。
2 時計はいらないよ。
3 修理すれば、まだ使えるよ。

5番 정답2

36 3회

M：申し訳ありません、田中はただいま席を外しておりますが。
もう　わけ　　　　　　たなか　　　　　　せき　はず

F：1 ええ、それで結構です。
2 そうですか。じゃ、またお電話させていただきます。
3 えっ、辞められたんですか！ それは残念です。

3→ 「席を外す」는 지금 없다는 의미로 맞지 않음.

6番 정답2

37 3회

F：金曜日のパーティーのチラシ、余ってたら1枚くれない？

M：1 もちろん、あげないよ。
2 いいよ。はい、これ。
3 もうもらったよ。

7番 정답1

38 3회

F：残っても捨てるだけだから、全部食べちゃって。

M：1 うん。じゃあ、食べちゃおう。
2 え？ 全部食べたの？
3 食べちゃったら、残らないよ。

주요어휘

- ☐ **食べちゃって**：먹어 버려
- ☐ **食べちゃおう**：먹어 버리자

8番(ばん) 정답1

39 3회

M：ここで待(ま)たせていただいてもよろしいですか。

F：1 ええ、どうぞ。
　2 はい、待(ま)たせてもいいですよ。
　3 どうも、お待(ま)たせしました。

2→ 기다리는 것은 남자 본인이므로 맞지 않음.

9番(ばん) 정답2

40 3회

F：かぎ、しめてくれた？

M：1 うん、しめてあげたよ。
　2 うん、しめといたよ。
　3 うん、しめてくれたよ。

1→ 보통 상대방에게 「～してあげた」 등은 말하지 않음. 예외적으로 '당신을 위해서 일부러 했다' 고 강조하는 경우.

합격을 위한 직전 체크

시험에 나오는 중요 어구·문형 리스트

- ☑ **문자** 훈독에 주의해야 할 한자
- ☑ **어휘** 의미가 비슷한 어휘
- ☑ **문법** 접속사 · 「～ない」의 형태
- ☑ **문법** 자주 나오는 기본 문형 80
- ☑ **독해** 독해 문제에 나오는 키워드
- ☑ **청해** 청해 문제에 나오는 키워드

문자 훈독에 주의해야 할 한자

□ 遅	おそーい おくーれる	走(はし)るのが**遅(おそ)い** 電車(でんしゃ)に**遅(おく)れる**
□ 負	まーける おーう	試合(しあい)に**負(ま)ける** 責任(せきにん)を**負(お)う** (책임을 지다)
□ 生	いーきる うーむ うーまれる はーえる	真面目(まじめ)に**生(い)きる** 子(こ)どもを**生(う)む** 赤(あか)ちゃんが**生(う)まれる** 庭(にわ)に草(くさ)が**生(は)える**
□ 抱	だーく いだーく	子供(こども)を**抱(だ)く** 希望(きぼう) / 夢(ゆめ)を**抱(いだ)く**
□ 冷	さーめる さーます ひーえる ひーやす	スープが**冷(さ)める** 熱(ねつ)を**冷(さ)ます** 足(あし)が**冷(ひ)える** ビールを**冷(ひ)やす**
□ 届	とどーく とどーける	荷物(にもつ)が**届(とど)く** 書類(しょるい)を**届(とど)ける**
□ 折	おーれる おーる	骨(ほね)が**折(お)れる** 木(き)の枝(えだ)を**折(お)る**
□ 出	でーる だーす	部屋(へや)を**出(で)る** はがきを**出(だ)す**
□ 入	はいーる いーれる	部屋(へや)に**入(はい)る** かばんに**入(い)れる**
□ 平	たいーら ひらーたい	**平(たい)ら**な道(みち) **平(ひら)たい**山(やま)
□ 苦	くるーしい にがーい	胸(むね)が**苦(くる)しい** **苦(にが)い**薬(くすり)
□ 臭	くさーい におーい	**臭(くさ)い**ゴミ いやな**臭(にお)い**
□ 楽	らく たのーしい	**楽(らく)**な仕事(しごと) **楽(たの)しい**時間(じかん)
□ 優	やさーしい すぐーれる	**優(やさ)しい**性格(せいかく) **優(すぐ)れた**人(ひと)
□ 辛	からーい つらーい	**辛(から)い**料理(りょうり) **辛(つら)い**経験(けいけん)
□ 親	おや したーしい	**親(おや)**の意見(いけん) **親(した)しい**友人(ゆうじん)
□ 全	まったーく すべーて	**全(まった)く**わからない **全(すべ)て**終(お)わった
□ 腹	(お) なか はら	**お腹(なか)**が空(す)く **腹(はら)**が減(へ)る
□ 空	あーく そら から	席(せき)が**空(あ)く** 青(あお)い**空(そら)** **空(から)**の箱(はこ)

어휘 의미가 비슷한 어휘

동사

- □ **住む**(す) ㉮ 学校の寮に**住む** 학교 기숙사에서 살다
- □ **暮らす**(く) ㉮ 一人で**暮らす** 혼자 살다

- □ **着く**(つ) ㉮ 駅に**着く** 역에 도착하다
- □ **届く**(とど) ㉮ (荷物が)**届く** (짐이) 도착하다

- □ **学ぶ**(まな) ㉮ 日本語を**学ぶ** 일본어를 배우다
- □ **習う**(なら) ㉮ ダンスを**習う** 춤을 배우다
- □ **学習する**(がくしゅう) ㉮ 外国語を**学習する** 외국어를 학습하다
- □ **勉強する**(べんきょう) ㉮ 毎日**勉強する** 매일 공부하다

- □ **働く**(はたら) ㉮ 銀行で**働く** 은행에서 일하다
- □ **勤める**(つと) ㉮ 銀行に**勤める** 은행에 근무하다
- □ **勤務する**(きんむ) ㉮ 銀行に**勤務する** 은행에 근무하다

- □ **つける** ㉮ 服に名札を**つける** 옷에 명찰을 달다
- □ **貼る**(は) ㉮ はがきに切手を**貼る** 엽서에 우표를 붙이다

- □ **濡れる**(ぬ) ㉮ 雨でかばんが**濡れた** 비로 가방이 젖었다
- □ **湿る**(しめ) ㉮ 洗濯物がまだ**湿っ**ている 빨래가 아직 눅눅하다

- □ **散る**(ち) ㉮ 風で花が**散って**しまった 바람으로 꽃이 져버렸다
- □ **枯れる**(か) ㉮ 水をやるのを忘れたら、花が**枯れて**しまった 물 주는 것을 잊어버렸더니 꽃이 말라 버렸다

- □ **取り消す**(とけ) ㉮ 予約を**取り消す** 예약을 취소하다
- □ **キャンセルする** ㉮ 注文を**キャンセルする** 주문을 캔슬하다

명사

- □ **専門**(せんもん) ㉮ 先生の**専門**は国際経済です 선생님의 전문은 국제 경제입니다
- □ **専攻**(せんこう) ㉮ 大学で経済学を**専攻**している 대학에서 경제학을 전공하고 있다

- □ **逆**(ぎゃく) ㉮ **逆**の方向に行く 역방향으로 가다
- □ **反対**(はんたい) ㉮ 駅の**反対**側 역의 반대 측

- □ **柄**(がら) ㉮ 花**柄**のスカート 꽃 모양의 스커트
- □ **模様**(もよう) ㉮ ハートの**模様**が描かれた箱 하트모양이 그려진 상자

형용사

☐ **将来**
しょうらい
(예) **将来の夢**
しょうらい　ゆめ
장래의 꿈

☐ **未来**
みらい
(예) **未来の世界**
みらい　せかい
미래의 세계

☐ **厳しい**
きび
(예) **厳しい指導**
きび　しどう
엄격한 지도

☐ **怖い**
こわ
(예) **怖い先生**
こわ　せんせい
무서운 선생님

☐ **辛い**
つら
(예) **辛い別れ**
つら　わか
괴로운 이별

☐ **苦しい**
くる
(예) **苦しい生活**
くる　せいかつ
고생스러운 생활

☐ **賢い**
かしこ
(예) **賢い子供**
かしこ　こども
현명한 아이

☐ **偉い**
えら
(예) どんなに**偉い**人でも、失敗す
えら　ひと　　しっぱい
ることはある。
아무리 위대한 사람이어도 실패하
는 경우는 있다.

☐ **重要な**
じゅうよう
(예) **重要な書類**
じゅうよう　しょるい
중요한 서류

☐ **大切な**
たいせつ
(예) **大切な思い出**
たいせつ　おも　で
소중한 추억

☐ **上手な**
じょうず
(예) 彼女は踊りが**上手**だ。
かのじょ　おど　　じょうず
그녀는 춤이 능숙하다.

☐ **得意な**
とくい
(예) **得意な科目**は何ですか。
とくい　かもく　なん
잘하는 과목은 무엇입니까?

부사

☐ **いきなり**
(예) 街で**いきなり**声をかけられた。
まち　　　　こえ
거리에서 갑자기 (누가)말을 걸어
왔다.

☐ **突然**
とつぜん
(예) **突然**、部屋に人が入って来た。
とつぜん　へや　ひと　はい　き
갑자기 방에 사람이 들어왔다.

☐ **なるべく**
(예) **なるべく**早く来てください。
はや　き
가능한 한 빨리 와 주세요.

☐ **できるだけ**
(예) **できるだけ**荷物を減らしてく
にもつ　へ
ださい。
가능한 한 짐을 줄여주세요.

☐ **だいたい**
(예) 話の内容は**だいたい**わかった。
はなし　ないよう
말의 내용은 대강 알았다.

☐ **ほとんど**
(예) **ほとんど**の人が携帯電話を持っ
ひと　けいたいでんわ　も
ている。
거의 모든 사람이 휴대전화를 가지
고 있다.

☐ **ほぼ**
(예) 新しいビルは、**ほぼ**完成した
あたら　　　　　　　　かんせい
ようだ。
새 빌딩은 거의 완성된 모양이다.

☐ **だいぶ**
(예) 街の様子が**だいぶ**変わった。
まち　ようす　　　　か
거리의 모습이 많이 변했다.

☐ **ずいぶん**
(예) 彼女は髪型が変わると、**ずい**
かのじょ　かみがた　か
ぶん印象が違う。
いんしょう　ちが
그녀는 머리 모양이 바뀌면 상당히
인상이 다르다.

☐ **かなり**
(예) これを言葉で表現するのは、
ことば　ひょうげん
かなり難しい。
むずか
이것을 말로 표현하는 것은 상당히
어렵다.

☐ **すごく**
(예) 朝と夕方は、電車が**すごく**混む。
あさ　ゆうがた　でんしゃ　　　こ
아침과 저녁은 전철이 무척 붐빈다.

☐ **わざと**
(예) 彼は待ち合わせに**わざと**遅れ
かれ　ま　あ　　　　　　おく
て来た。
き
그는 (만날)약속에 일부러 늦게 왔다.

☐ **わざわざ**
(예) 電話で済むのに、**わざわざ**
でんわ　す
やって来た。
き
전화로 되는데 일부러 왔다.

☐ **せっかく**
(예) **せっかく**行ったのに、店が休
い　　　　　　みせ　やす
みだった。
모처럼 갔는데 가게가 휴일이었다.

문법 접속사・「～ない」의 형태

접속사

□ あるいは 혹은

または。

㉠ 入院するか、**あるいは**しばらく病院に通うか、どっちかの必要がある。

입원할지 한동안 병원에 다닐지 어느 쪽인가가 필요하다.

□ しかも 게다가

それだけでなく、さらに。

㉠ 駅からたった２分。**しかも**、家賃が安い。

역에서 불과 2분. 게다가 집세가 싸다.

□ したがって 그래서, 따라서

だから。

㉠ 調査の結果、安全が確認できませんでした。**したがって**、工事を続けることはできません。

조사 결과 안전을 확인할 수 없었습니다. 그래서 공사를 계속할 수 없습니다.

□ すると 그러자

そうしたら。

㉠ ゆっくりドアを開けてみた。**すると**、中から白い猫が出てきた。

천천히 문을 열어 보았다. 그러자 안에서 흰 고양이가 나왔다.

□ そこで 그래서

だから。そういうことがあって。

㉠ 交通渋滞は、長年、問題となってきた。**そこで**、市長が新しい提案をした。

차량 정체는 오랫동안 문제가 되어 왔다. 그래서 시장이 새로운 제안을 했다.

□ その上 게다가

それに加えて。さらに。

㉠ 土曜日は朝から雨で、**その上**、風も強かったんです。

토요일은 아침부터 비가 오고 게다가 바람도 셌습니다.

□ それで 그래서

それが原因・理由で。

㉠ 一度、体をこわして入院したんです。**それで**、健康に気をつけるようになりました。

한번 아파서 입원했었습니다. 그래서 건강을 주의하게 되었습니다.

□ それとも 그렇지 않으면

そうではなくて。

㉠ 夕飯にしますか、**それとも**、先にお風呂に入りますか。

저녁밥을 먹겠습니까, 그렇지 않으면 먼저 목욕을 하겠습니까?

□ それに 게다가

それに加えて。さらに。

㉠「パーティーには行かなかったの？」「うん、忙しくて。**それに**、知っている人もいなかったから」

「파티에는 가지 않았니?」「응, 바빠서. 게다가 아는 사람이 없었기 때문에」

□ だが 하지만

しかし。※문어체적 표현

㉠ みんながその計画は無理だと言った。**だが**、彼はあきらめなかった。

모두가 그 계획은 무리라고 했다. 하지만 그는 포기하지 않았다.

□ ただ 단지

それはそうだが。

㉮ 確(たし)かにこのツアーが一番(いちばん)いいと思(おも)う。**ただ**、ちょっと値段が高いな。

분명 이 투어가 가장 좋을 거야. 단지 조금 가격이 비싸구나.

□ つまり 즉

言(い)いかえれば。

㉮ 車(くるま)は1台(だい)だけです。**つまり**、5人(にん)で1台(だい)に乗(の)るということです。

차는 한 대뿐입니다. 즉 다섯 사람이 한 대에 타는 것입니다.

□ ところが 그런데

しかし、けれども。

㉮ 次(つぎ)のバス停(てい)でおばあさんが乗(の)ってきた。**ところが**、誰(だれ)も席(せき)をゆずらなかった。

다음 버스 정류장에서 할머니가 탔다. 그런데 아무도 자리를 양보하지 않았다.

「～ない」의 형태

□ あまり～ない 별로 ～않다

多(おお)くない、強(つよ)くない(少(すく)ない、軽(かる)い)様子(ようす)を表(あらわ)す。

㉮ 期待(きたい)して読(よ)んだけど、**あまり**面白(おもしろ)く**なかった**。

기대하고 읽었지만 별로 재미없었다.

□ そんなに～ない 그렇게 ～않다

多(おお)くない、強(つよ)くない(少(すく)ない、軽(かる)い)様子(ようす)を表(あらわ)す。

㉮ あと1時間(じかん)あるから、**そんなに**急(いそ)ぐ必要(ひつよう)は**ない**。

앞으로 1시간 있으니까 그렇게 서두를 필요는 없다.

□ ちっとも～ない 조금도 ～않다

少(すこ)しも～ない。

㉮ こんな物(もの)をもらっても、**ちっとも**うれしく**ない**。

이런 물건을 받아도 조금도 기쁘지 않다.

□ 全(まった)く～ない 전혀 ～않다

全然(ぜんぜん)～ない。

㉮ こういう話題(わだい)には、**全(まった)く**興味(きょうみ)が**ない**。

이런 화제에는 전혀 흥미가 없다.

□ めったに～ない 좀처럼 ～않다

～するのはほとんどない。

㉮ 店長(てんちょう)は優(やさ)しい人(ひと)で、**めったに**怒(おこ)ら**ない**。

점장은 상냥한 사람이어서 여간해서 화를 내지 않는다.

문법 자주 나오는 기본 문형 80

□ ～うちに ～하는 동안에

～間(あいだ)に。

예 どうぞ、温(あたた)かい**うちに**食(た)べてください。

자, 따뜻할 때 드세요.

□ ～おかげで ～덕분에

～の力(ちから)・助(たす)けで。～がいたから。

예 親(おや)の**おかげで**大学(だいがく)に行(い)くことができた。

부모님 덕분에 대학에 갈 수 있었다.

□ ～かける ～하다가 (말다)

途中(とちゅう)まで～(しようと)する。

예 先生(せんせい)は何(なに)か言(い)い**かけた**が、やめて、別(べつ)の話(はなし)を始(はじ)めた。

선생님은 무언가 말하려다가 그만두고 다른 이야기를 시작했다.

□ ～から～にかけて ～부터 ～에 걸쳐

～から～までの間(あいだ)。

예 今夜(こんや)**から**明日(あした)の朝(あさ)**にかけて**雪(ゆき)が降(ふ)るでしょう。

오늘 밤부터 내일 아침에 걸쳐 눈이 내릴 것입니다.

□ ～とは限(かぎ)らない ～라고는 할 수 없다

(～だから)必(かなら)ず～とはいえない。

예 子(こ)どもだから甘(あま)いものが好(す)き**とは限(かぎ)らない**。

아이라서 단 것을 좋아한다고는 할 수 없다.

□ ～がる ～하게 여기다, 싫어하다

～と思(おも)う。누가 어떤 기분을 가지고 있는지를 나타냄.

예 あなたが欠席(けっせき)すると聞(き)いて、彼(かれ)はとても残念(ざんねん)**がって**いました。

당신이 결석한다고 해서 그는 무척 아쉬워하였습니다.

□ ～かわりに ～대신에

「Aの代(か)わりにB」의 표현.

예 牛肉(ぎゅうにく)の**代(か)わりに**豚肉(ぶたにく)を使(つか)ってもおいしくできます。

소고기 대신에 돼지고기를 사용해도 맛있게 됩니다.

□ ～くらい(…はない) ～만큼 (～은 없다)

～と同(おな)じくらい(ほど)…はない。

예 合格発表(ごうかくはっぴょう)**くらい**緊張(きんちょう)するものはない。

합격 발표만큼 긴장되는 일은 없다.

□ ～(に)比(くら)べて ～에 비해

～と比(くら)べると。

예 地方(ちほう)**に比(くら)べて**東京(とうきょう)は家賃(やちん)が高(たか)い。

지방에 비해 동경은 집세가 비싸다.

□ ～こそ ～야 말로

～はきっと。まさに～が。

예 今年(ことし)**こそ**海外旅行(かいがいりょこう)に行(い)こう。

올해는 꼭 외국여행을 가자.

□ ～ことにする ～하기로 하다

～という決(き)まりにする。

예 健康(けんこう)のため、明日(あした)から毎日(まいにち) 30 分歩(ぷんある)く**ことにした**。

건강을 위해 내일부터 매일 30분 걷기로 했다.

□ ～ことになる ～하게 되다

～ことが決(き)まる。

예 大阪(おおさか)へ引(ひ)っ越(こ)す**ことになった**。

오사카로 이사 가게 되었다.

□ ～ことはない ～할 필요는 없다

～なくていい。～する必要(ひつよう)はない。

㉠ 時間(じかん)は十分(じゅうぶん)ある。急(いそ)ぐ**ことはない**。

시간은 충분히 있다. 서두를 필요는 없다.

□ ～さ ～함

형용사를 명사로 나타낸 형태

㉠ この寒(さむ)**さ**は、今月(こんげつ)いっぱいまで続(つづ)くそうだ。

이 추위는 이번 달 끝까지 계속된다고 한다.

□ ～最中(さいちゅう)(に) 한창 ～하는 중에

～をしているちょうどそのとき。

㉠ 試験(しけん)の**最中(さいちゅう)に**誰(だれ)かの携帯(けいたい)が鳴(な)った。

시험 중에 누군가의 휴대전화가 울렸다.

□ ～さえ ～조차

～も。 가장 낮은 수준을 예로 들어, 의미를 강조하는 표현. 「～でさえ」는「～でも」.

㉠ そこは小(ちい)さな町(まち)で、コンビニ**さえ**なかった。

그곳은 작은 마을로 편의점조차 없었다.

□ ～(さ)せてください ～하게 해 주세요

…が～することを許可(きょか)して（＝ＯＫして）ください。

㉠ その仕事(しごと)、私(わたし)にやら**せてください**。

그 일, 제게 시켜주세요.

□ ～しかない ～밖에 없다

～だけある。「～しか…ない」는「～だけ…」（例(れい)：彼(かれ)しか食(た)べない → 彼(かれ)だけ食(た)べる）。

㉠ 冷蔵庫(れいぞうこ)にはコーラ**しかなかった**。

냉장고에는 콜라밖에 없었다.

□ ～ずに ～하지 않고

～ないで。

㉠ 気(き)がついたら、電気(でんき)も消(け)さ**ずに**寝(ね)てしまっていた。

정신을 차리니 전기도 끄지 않고 자 버렸다.

□ ～せいで ～탓에, ～때문에

～ために。「～가 원인 · 이유로」라는 의미.

㉠ 円安(えんやす)の**せいで**、ガソリンが高(たか)くなった。

엔화 약세 탓에 자동차 기름이 비싸졌다.

□ ～(だ)って [전문] ～래, ～라고 하던데

～(だ)そうだ。

㉠ 明日(あした)の試合(しあい)は中止(ちゅうし)**だって**。

내일 시합은 중지래.

□ ～たところ ～했더니, 했는데

～たら、その結果(けっか)。

㉠ お店(みせ)の名前(なまえ)を変(か)え**たところ**、みんなに覚(おぼ)えにくいと言(い)われた。

가게의 이름을 바꾸었더니 모두가 외우기 어렵다고 했다.

□ ～たび(に) ～할 때마다

～すると、いつも。

㉠ この曲(きょく)を聴(き)く**たびに**、大学(だいがく)の頃(ころ)を思(おも)い出(だ)す。

이 곡을 들을 때마다 대학 시절이 생각난다.

□ ～たら…のに ～면 ～할 텐데

～ば…けど（そうならないだろう）なあ。'실제로 일어나기 힘든 일'을 바라는 마음을 나타냄.

㉠ 明日(あした)の試験(しけん)、大雪(おおゆき)で延期(えんき)になっ**たら**いい**のに**なあ。

내일 시험은 폭설로 연기되면 좋겠구나.

□ ～ついでに… ～하는 김에

'～하는 기회를 이용해서(더불어…도 하다)'라는 의미.

㉠ 買(か)い物(もの)の**ついでに**郵便局(ゆうびんきょく)に寄(よ)った。

쇼핑하는 김에 우체국에 들렀다.

□ ～っけ ～였나?, ～였지?

確(たし)かに～か。 확실하지 않은 것에 대해, 누군가에게 확인을 구하는 표현.

㉠ お父(とう)さんの誕生日(たんじょうび)、明日(あした)だった**っけ**。

아버지의 생일은 내일이었지?

□ ～って [인용] ~란, ~라는 것은

～というものは。

㉮ 「スキヤキ」**って**、どんな食べ物ですか。
'스키야키'는 어떤 음식입니까?

□ ～って ~라고

～と。

㉮ 今日は雪が降る**って**、天気予報で言ってたよ。
오늘은 눈이 내린다고 일기예보에서 말했었어.

□ ～っぱなし ~한 채

～たまま。

㉮ 昨日、テレビをつけ**っぱなし**で寝てしまった。
어제 텔레비전을 켠 채로 자 버렸다.

□ ～つもりだった(のに)

~할 예정이었는데

～予定だった(が)。

㉮ 野球を見に行く**つもりだったのに**、急に仕事が入って行けなくなってしまった。
야구를 보러 갈 예정이었는데 갑자기 일이 들어와서 못 가게 되었다.

□ ～てばかりだ ~하기만 하다

いつも～ている。 같은 것을 계속해, 변화가 없는 모양을 나타냄.

㉮ 息子は遊ん**でばかりで**、全然勉強しない。
아들은 놀기만 하고 전혀 공부하지 않는다.

□ ～てはじめて… ~하고 나서 비로소

그렇게 되었을 때, 처음으로 중요한 것을 깨달았을 때의 모습을 나타냄.

㉮ 病気になっ**て初めて**、健康のありがたさがわかった。
병에 걸리고 나서 비로소 건강의 고마움을 알았다.

□ ～てほしい ~하길 바란다, ~했으면 좋겠다

'~할 것'을 바라는 표현.

㉮ もっと給料を上げ**てほしい**。
좀 더 월급을 올려 주었으면 한다.

□ ～ということ ~라는 것

명사의 형태를 만드는 표현.

㉮ 生きる**ということ**は簡単なことではない。
산다는 것은 간단한 일은 아니다.

□ ～というと／いえば ~라고 하면

～について、まずイメージされるのは。

㉮ 上野動物園**といえば**パンダです。
우에노 동물원이라고 하면 판다입니다.

□ ～といっても ~라고 해도

～ではあるけれども。

㉮ レストラン**といっても**、テーブルが２つあるだけの店です。
레스토랑이라고 해도 테이블이 2개만 있는 가게입니다.

□ ～とおり ~대로, ~한 대로

～と同じように。

㉮ 説明書の**通り**に組み立てた。
설명서대로 조립했다.

□ ～ておく ~해 두다

준비를 위해 먼저 ~하는 것을 나타냄.

㉮ 今晩、お客さんが来るから、飲み物を冷やし**ておいて**。
오늘 밤, 손님이 오니까 음료수를 차갑게 식혀 둬.

□ ～ところだった ~할 뻔했다

もう少しで～しそうだった。

㉮ もう少しで会社に遅刻する**ところだった。**
하마터면 회사에 지각할 뻔했다.

□ ～としたら ~라고 한다면

もし～なら。

㉮ 海外旅行に行く**としたら**、どこに行きたいですか。
외국여행에 간다면 어디에 가고 싶습니까?

□ どんなに～ことか 얼마나 ~던가

「얼마나 ~한가. 분명, 매우 ~할 것이다」라는 의미.

㉥ それが実現したら、**どんなに**嬉しい**ことか**。
그것이 실현되면 얼마나 기쁠 것인가.

□ どんな～でも… 어떤 ~라도

「예외 없이, 모든 것에…」라는 것을 나타냄.

㉥ 気になることがあったら、**どんな**小さなこと**でも**報告してください。
마음에 걸리는 것이 있으면 어떤 작은 일이라도 보고해 주세요.

□ ～ないことはない ~이 아닌 것은 아니다

「しないことはない→する」의 형태.

㉥ 今の収入は多くはないが、生活でき**ないことはない**。
지금 수입은 많지 않지만 생활할 수 없는 것은 아니다.

□ ～ないと ~하지 않으면

～なければ。

㉥ 急が**ないと**間に合わない。
서두르지 않으면 시간에 댈 수 없다.

□ ～なんか ~따위

～など。가볍게 여기는 마음을 나타냄. 싫어하거나 화를 내는 마음을 나타내는 경우도 있음.

㉥ 見た目**なんか**、どうでもいい。
겉으로 보이는 것은 아무래도 상관없다.

□ ～なんて ~라니, ~하다니

～とは。놀라거나 의외의 마음을 나타냄.

㉥ 彼がそんなひどいことを言う**なんて**、信じられない。
그가 그렇게 심한 말을 하다니 믿을 수 없다.

□ ～において ~에서

～で。

㉥ スピードは増したが、安全面**において**まだ問題がある。
속도는 늘었지만 안전 면은 아직 문제가 있다.

□ ～にかわって ~을 대신해서

「Aの代わりにB」의 표현.

㉥ 出張中の社長**に代わって**、部長がスピーチをした。
출장 중인 사장님을 대신해서 부장님이 연설했다.

□ ～に関して ~에 관해서, ~에 대해서

～について。

㉥ ここでは、がんの治療**に関して**専門的な研究を行っている。
여기에서는 암의 치료에 관해 전문적인 연구를 하고 있다.

□ ～に比べて ~에 비해서

～と比べると。

㉥ 前の会社**に比べて**、給料は少しよくなった。
전의 회사에 비해 월급은 조금 좋아졌다.

□ ～にしては ~치고는, ~로서는

～には似合わず。～とは思えないように。

㉥ 観光地**にしては**人が少ないね。
관광지치고는 사람이 적군.

□ ～(に)対して ~에 대해서

～に。~을 향한 모양을 나타냄.

㉥ 授業料の値上げ**に対して**、反対意見が出た。
수업료의 인상에 대해 반대 의견이 나왔다.

□ ～にとって ~에게 있어서

～には。～の場合。

㉥ 私**にとって**、これはとても大きな問題です。
내게 이것은 무척 큰 문제입니다.

□ ～によって… ~에 따라서, ~에 의해

～に応じて／～の力・働きで。
※~의 기준이 되는 것을 제시하는 표현.

㉥ 出発日**によって**ツアー代金が違います。／この建物は当時の政府**によって**建てられた。
출발일에 따라 투어 요금이 다릅니다./이 건물은 당시 정부에 의해 세워졌다.

□ ～によれば／よると
～에 의하면, ～에 따르면

～では。～の話では。 정보의 출처를 제시하는 표현.

㉮ 案内状**によれば**、パーティーは午後１時からだそうだ。

안내장에 의하면 파티는 오후 1시부터라고 합니다.

□ ～ばかり ～만, 뿐
～だけ。 ～에 집중하는 것에 대한 불만을 나타냄.

㉮ 母は弟**ばかり**可愛がる。

어머니는 남동생만 귀여워한다.

□ ～ばかりか…も ～뿐만 아니라 ～도
～だけでなく…も。

㉮ あの店は、店員**ばかりか**店長**も**態度が悪い。

저 가게는 점원뿐만 아니라 점장도 태도가 나쁘다.

□ ～はずだ ～일 것이다
きっと～。普通なら～。

㉮ 今京都だから、あと30分くらいで大阪に着く**はずだ**。

지금 교토니까 앞으로 30분 정도로 오사카에 도착할 것이다.

□ ～べきだ (반드시) ～해야만 한다
当然～なければならない。

㉮ 今度のことは彼が悪いのだから、彼が謝る**べきだ**。

이번 일은 그가 나쁘니까 그는 사과해야 한다.

□ ～ほど ～할 수록
～(の)ほうがその分…。

㉮ 若い人**ほど**インフルエンザにかかりやすい。

젊은 사람일수록 인플루엔자에 걸리기 쉽다.

□ ～ほど…は(い)ない ～만큼 ～하지 않다
～のように…は(い)ない。～はいちばん…だ。

㉮ 生命の誕生**ほど**不思議なことは**ない**。

생명의 탄생만큼 신기한 것은 없다.

□ ～ますように ～하기를
「～하도록 부탁드립니다」라는 의미.

㉮ どうか入学試験に合格し**ますように**。

제발 대학 시험에 합격하기를.

□ ～まで ～까지도, ～조차
(～だけでなく)～も。

㉮ 私の留学については、父だけでなく、母**まで**が反対した。

나의 유학에 대해서는 아버지뿐만이 아니라 어머니까지 반대했다.

□ ～まま ～인 채(로)
～ているその状態で。

㉮ たまに、めがねをかけた**まま**寝てしまいます。

가끔 안경을 쓴 채로 자 버립니다.

□ ～みたい ～같은, ～처럼
～(の)よう。 ～로 보이는 것을 나타냄.

㉮ 課長は体が大きくて、クマ**みたい**な人です。

과장님은 몸이 커서 곰 같은 사람입니다.

□ ～もの/もんだ ～하곤 했다
～たなあ。 그립게 생각하는 마음을 나타냄.

㉮ 子どもの頃はよく公園で遊んだ**ものだ**。

아이 때는 자주 공원에서 놀았다.

□ ～よう(だ) ～인 것 같다
～と思う。 그렇게 보이는 것을 나타냄.

㉮ 残業続きで、彼は疲れている**ようだ**。

잔업이 이어져서 그는 피곤한 것 같다.

□ ～ようとしない ～하려고 하지 않다
～する様子が見られない。

㉮ 息子は、いくら言っても勉強し**ようとしない**。

아들은 아무리 말해도 공부하려고 하지 않는다.

□ ～ようとする ～하려고 하다

～하는 것에 대한 모양을 나타냄.

㊐ 豆は上に伸び**ようとする**力が強く、１日で５センチ以上伸びる。

콩은 위로 크려는 힘이 강하여 하루에 5센티미터 이상 큰다.

□ ～ようと思う ～하려고 생각하다

～するつもりだ。

㊐ 引退したら、指導者になろ**うと思っている**。

은퇴하면 지도자가 되려고 한다.

□ ～ように [목적] ～하도록

～ことをめざして。

㊐ 〈先生が生徒に〉これからは遅刻や欠席をしない**ように**。

지금부터는 지각이나 결석을 하지 말도록.

□ ～ように言う ～하도록 말하다

～てくださいと言う。

㊐ 雨が降るかもしれないので、傘を持ってくる**ように言われた**。

비가 내릴지도 모르니까 우산을 가져오라고 했다.

□ ～ようにする ～하도록 하다

～ために努力する。

㊐ 出発の時間には、絶対遅れない**ようにして**ください。

출발 시각에는 절대 늦지 않도록 해주세요.

□ ～ようになる ～하게 되다

～状態になる。

㊐ １年間勉強して、日本語が少し話せる**ようになった**。

1년간 공부해서 일본어를 조금 말할 수 있게 되었다.

□ ～らしい [추량] ～인 것 같다

～ようだ。～そうだ。～と思われる。

㊐ 今日の試合は延期になる**らしい**。

오늘 시험은 연기될 것 같다.

□ ～らしい [성질] ～다운

まさに～を感じさせる。

㊐ 娘はいつもジーンズで、女性**らしい**服をほとんど着ない。

딸은 항상 청바지차림이고 여자다운 옷을 거의 입지 않는다.

□ ～わけ(が)ない ～할 리가 없다

～ことは考えられない。

㊐ 彼がそんなひどいことを言う**わけがない**。

그가 그렇게 심한 말을 할 리가 없다.

□ ～わけではない 꼭 ～인 것만은 아니다

～ということではない。

㊐ 試験まで時間はほとんどないけど、あきらめている**わけではない**。

시험까지 시간은 거의 없지만 포기한 것은 아니다.

□ ～わけにはいかない ～할 수는 없다

～ことはできない(許されない)。

㊐ 就職したら、今までのようにバンドを続ける**わけにはいかない**。

취직하면 지금처럼 밴드를 계속할 수는 없다.

□ ～わりに(は) ～에 비해(서는)

～ことを考えると。「～에 맞지 않음」이라는 불만을 나타냄.

㊐ 値段が高い**わりには**、あまりおいしくない。

가격이 비싼 데 비해 별로 맛이 없다.

독해 독해 문제에 나오는 키워드

문화 · 예술 · 역사

☐ **味(あじ)わう** 맛보다
㉮ 芸術(げいじゅつ)を味(あじ)わう、自然(しぜん)の豊(ゆた)かさを味(あじ)わう

☐ **演奏(えんそう)(する)** 연주

☐ **画家(がか)** 화가

☐ **芸術家(げいじゅつか)** 예술가

☐ **現代(げんだい)** 현대
㉮ 現代芸術(げんだいげいじゅつ)、現代(げんだい)の社会(しゃかい)、現代人(げんだいじん)

☐ **作品(さくひん)** 작품
㉮ 有名(ゆうめい)な作品(さくひん)、作品(さくひん)を発表(はっぴょう)する

☐ **作家(さっか)** 작가
㉮ 人気作家(にんきさっか)、作家(さっか)の意図(いと)

☐ **時代(じだい)** 시대
㉮ 時代(じだい)の変化(へんか)、江戸時代(えどじだい)

☐ **出来事(できごと)** 생긴 일
㉮ 歴史的(れきしてき)な出来事(できごと)

☐ **表現(ひょうげん)(する)** 표현
㉮ 自由(じゆう)な表現(ひょうげん)、表現豊(ひょうげんゆた)かな作品(さくひん)

☐ **文学(ぶんがく)** 문학
㉮ 文学作品(ぶんがくさくひん)、日本文学(にほんぶんがく)

생활 · 사회

☐ **田舎(いなか)** 시골
㉮ 田舎暮(いなかぐ)らし

☐ **解決(かいけつ)(する)** 해결
㉮ 問題(もんだい)を解決(かいけつ)する

☐ **近所(きんじょ)** 근처
㉮ 近所(きんじょ)に挨拶(あいさつ)する、近所(きんじょ)のスーパー

☐ **苦情(くじょう)** 고충
㉮ 近所(きんじょ)からの苦情(くじょう)、苦情(くじょう)の電話(でんわ)

☐ **工夫(くふう)(する)** 궁리
㉮ 生活(せいかつ)の工夫(くふう)、工夫(くふう)が足(た)りない

☐ **高齢者(こうれいしゃ)** 고령자
㉮ 高齢者(こうれいしゃ)の割合(わりあい)、高齢者(こうれいしゃ)の食事(しょくじ)

☐ **個人(こじん)** 개인
㉮ 個人(こじん)の問題(もんだい)、個人客(こじんきゃく)（↔団体客(だんたいきゃく)）

☐ **参加(さんか)(する)** 참가
㉮ 大会(たいかい)に参加(さんか)する、参加者(さんかしゃ)、参加費(さんかひ)

☐ **事件(じけん)** 사건
㉮ 政治家(せいじか)が関係(かんけい)する事件(じけん)、事件(じけん)を解決(かいけつ)する

☐ **事故(じこ)** 사고
㉮ 交通事故(こうつうじこ)、事故(じこ)を防(ふせ)ぐ

☐ **住民(じゅうみん)** 주민
㉮ 住民(じゅうみん)の集(あつ)まり

☐ **人口(じんこう)** 인구
㉮ 人口(じんこう)が増(ふ)える、高齢者人口(こうれいしゃじんこう)

□ 政治 せいじ　정치

□ 制度 せいど　제도

예 教育制度 きょういくせいど、選挙制度 せんきょせいど

□ 性別 せいべつ　성별

예 性別 せいべつ はわからない。

□ 逮捕 たいほ (する)　체포

□ 団体 だんたい　단체

예 団体旅行 だんたいりょこう、団体参加 だんたいさんか (↔個人参加 こじんさんか)

□ 地域 ちいき　지역

□ 都会 とかい　도시

예 都会 とかい と田舎 いなか

□ (お)年寄り としより　노인

예 お年寄り としより に席 せき をゆずる

□ 人間関係 にんげんかんけい　인간관계

□ 年齢 ねんれい　연령

□ 犯罪 はんざい　범죄

□ 犯人 はんにん　범인

□ 被害 ひがい　피해

□ 平和 へいわ (な)　평화

예 平和 へいわ な暮 く らし

□ 若者 わかもの　젊은 사람

교육・연구・과학

□ 学習 がくしゅう (する)　학습

예 学習法 がくしゅうほう (＝学習方法 がくしゅうほうほう)、学習 がくしゅう の機会 きかい を得 え る

□ 基礎 きそ　기초

예 基礎 きそ を学 まな ぶ、基礎 きそ づくり

□ 結果 けっか　결과

예 試験 しけん の結果 けっか、結果 けっか をまとめる

□ 効果 こうか　효과

예 学習効果 がくしゅうこうか、効果 こうか が高 たか い

□ 差 さ　차이

예 わずかの差 さ、男女 だんじょ の差 さ

□ 実験 じっけん (する)　실험

예 実験 じっけん を重 かさ ねる、実験 じっけん をくり返 かえ す

□ 調 しら べる　조사하다

□ 順番 じゅんばん に　순서대로

예 順番 じゅんばん に並 なら ぶ、順番 じゅんばん に答 こた える

□ 速度 そくど　속도

예 通信速度 つうしんそくど、速度 そくど が増 ま す

□ 方法 ほうほう　방법

예 練習方法 れんしゅうほうほう、申込方法 もうしこみほうほう

□ 割合 わりあい　비율

예 高齢者 こうれいしゃ の割合 わりあい

신체・건강・질병

□ 医師 いし　의사

□ (体 からだ を)動 うご かす　움직이다

□ 栄養 えいよう　영양

예 栄養 えいよう をとる、栄養不足 えいようぶそく

□ 屋外 おくがい　옥외

예 屋外施設 おくがいしせつ

□ 回復 かいふく (する)　회복

예 健康 けんこう が回復 かいふく する、体力 たいりょく が回復 かいふく する

□ 患者 かんじゃ　환자

예 患者 かんじゃ をみる、がん患者 かんじゃ

□ 呼吸 こきゅう (する)　호흡

예 ゆっくり呼吸 こきゅう する

□ 室内 しつない　실내

예 室内 しつない の温度 おんど、室内 しつない プール

□ 水分 すいぶん　수분

예 水分 すいぶん をとる

- □ **ストレス** 스트레스
  - 예 仕事(しごと)のストレス、ストレスがたまる
- □ **体温(たいおん)** 체온
  - 예 体温(たいおん)を測(はか)る
- □ **体力(たいりょく)** 체력
  - 예 体力(たいりょく)をつける、体力(たいりょく)が落(お)ちる
- □ **疲(つか)れ** 피곤
  - 예 疲(つか)れがたまる、疲(つか)れをとる
- □ **涙(なみだ)** 눈물
- □ **のど** 목구멍, 인후
  - 예 のどが痛(いた)い、のどが渇(かわ)く
- □ **鼻(はな)** 코
- □ **防(ふせ)ぐ** 막다
  - 예 風邪(かぜ)を防(ふせ)ぐ、事故(じこ)を防(ふせ)ぐ

자연 · 환경

- □ **宇宙(うちゅう)** 우주
  - 예 宇宙飛行士(うちゅうひこうし)
- □ **影響(えいきょう)(する)** 영향
  - 예 台風(たいふう)の影響(えいきょう)、影響(えいきょう)を受(う)けた人(ひと)
- □ **エコ** 친환경
  - 예 エコ活動(かつどう)、エコに熱心(ねっしん)な企業(きぎょう)
- □ **温度(おんど)** 온도
  - 예 お湯(ゆ)の温度(おんど)、室内(しつない)の温度(おんど)
- □ **気温(きおん)** 기온
  - 예 あすの気温(きおん)、5月(がつ)の平均気温(へいきんきおん)
- □ **気候(きこう)** 기후
  - 예 温(あたた)かい気候(きこう)、気候(きこう)の変化(へんか)
- □ **金属(きんぞく)** 금속
  - 예 金属製(きんぞくせい)の板(いた)
- □ **咲(さ)く** 피다
  - 예 花(はな)が咲(さ)き始(はじ)めた。
- □ **散(ち)る** 지다
  - 예 花(はな)が散(ち)ってしまった。
- □ **資源(しげん)** 자원
  - 예 資源(しげん)に恵(めぐ)まれる、天然資源(てんねんしげん)
- □ **実(み)** 열매
  - 예 木(き)の実(み)、実(み)がなる(＝できる)
- □ **蒸(む)し暑(あつ)い** 무덥다
- □ **人工(じんこう)** 인공
  - 예 人工衛星(じんこうえいせい)、人工呼吸器(じんこうこきゅうき)、人工(じんこう)の川(かわ)
- □ **生(は)える** 자라다
  - 예 草(くさ)が生(は)える、毛(け)が生(は)える
- □ **生(い)き物(もの)** 생물
  - 예 地球上(ちきゅうじょう)のすべての生(い)き物(もの)
- □ **生物(せいぶつ)** 생물
  - 예 生物(せいぶつ)の研究(けんきゅう)、生物学(せいぶつがく)
- □ **太陽(たいよう)** 태양
  - 예 太陽電池(たいようでんち)、太陽(たいよう)の動(うご)き
- □ **津波(つなみ)** 해일
- □ **天候(てんこう)** 기후, 날씨
  - 예 天候(てんこう)の影響(えいきょう)を受(う)ける、悪天候(あくてんこう)
- □ **天然(てんねん)** 천연
  - 예 天然(てんねん)の水(みず)、天然温泉(てんねんおんせん)
- □ **虹(にじ)** 무지개
- □ **日光(にっこう)** 햇빛, 일광
  - 예 日光(にっこう)に当(あ)てる、日光(にっこう)に当(あ)たる
- □ **熱(ねつ)** 열
  - 예 熱(ねつ)が生(しょう)じる、高熱(こうねつ)に達(たっ)する
- □ **日差(ひざ)し** 햇볕

예 強い日差し、日差しを浴びる

경제・산업

☐ **企業**(きぎょう) 기업

예 大企業、中小企業、有名企業

☐ **経営(する)**(けいえい) 경영

예 経営者、経営学

☐ **減少(する)**(げんしょう) 감소

예 人口の減少、旅行者の減少、事故の減少

☐ **就職(する)**(しゅうしょく) 취직

예 就職活動を始める

☐ **消費(する)**(しょうひ) 소비

예 消費者、消費税、大量消費、消費期限

☐ **生産(する)**(せいさん) 생산

예 生産者、生産量、大量生産、生産地

☐ **税金 / 税**(ぜいきん / ぜい) 세금

예 消費税、税別価格

☐ **増加(する)**(ぞうか) 증가

예 人口の増加、利用者の増加、輸入(量)の増加

☐ **売り上げ / 売上**(うりあげ) 매상

예 売上が伸びる、売上報告

☐ **販売(する)**(はんばい) 판매

예 食品の販売、販売方法、通信販売

☐ **輸出(する)**(ゆしゅつ) 수출

☐ **輸入(する)**(ゆにゅう) 수입

☐ **労働(する)**(ろうどう) 노동

예 労働条件、労働環境、重労働、労働者

☐ **雇う**(やとう) 고용하다

예 アルバイトを雇う

상품・서비스

☐ **扱う**(あつかう) 취급하다

예 この店では、お酒も扱っている。／扱いに注意する

☐ **管理(する)**(かんり) 관리

예 商品管理、鍵を管理する、(アパートなどの)管理人、選手たちの食事を管理する

☐ **期限**(きげん) 기한

예 申込期限、返却期限、消費期限

☐ **記入(する)**(きにゅう) 기입

예 名前を記入する、記入用紙、記入方法

☐ **支払う**(しはらう) 지불하다

예 現金で支払う、支払方法、支払期限

☐ **修理(する)**(しゅうり) 수리

예 修理を受け付ける、修理センター

☐ **使用(する)**(しよう) 사용

예 使用目的、使用料、使用済みの切手

☐ **書類**(しょるい) 서류

예 重要な書類、申込書類

☐ **製品**(せいひん) 제품

예 家電製品、自社の製品

□ **代金(だいきん)** 대금

㉮ 商品(しょうひん)の代金(だいきん)、代金(だいきん)の支払(しはら)い

□ **注文(ちゅうもん)（する）** 주문

㉮ 注文(ちゅうもん)を受(う)け付(つ)ける、ネットで注文(ちゅうもん)する、細(こま)かい注文(ちゅうもん)

□ **問(と)い合(あ)わせる** 문의한다

㉮ 店(みせ)に問(と)い合(あ)わせる、商品(しょうひん)に関(かん)する問(と)い合(あ)わせ、問(と)い合(あ)わせ先(さき)の番号(ばんごう)

□ **登録(とうろく)（する）** 등록

㉮ 会員(かいいん)に登録(とうろく)する、登録(とうろく)の手(て)続(つづ)き、登録番号(とうろくばんごう)

□ **届(とど)く** 도착하다

㉮ 荷物(にもつ)が届(とど)く、メールが届(とど)く、声(こえ)が届(とど)く

□ **保証(ほしょう)（する）** 보증

㉮ 安全(あんぜん)を保証(ほしょう)する、内容(ないよう)を保証(ほしょう)する、保証書(ほしょうしょ)

□ **窓口(まどぐち)** 창구

㉮ 登録(とうろく)の窓口(まどぐち)、受付(うけつけ)の窓口(まどぐち)、サービス窓口(まどぐち)

□ **申(もう)し込(こ)む** 신청하다

㉮ 入会(にゅうかい)を申(もう)し込(こ)む、申込書(もうしこみしょ)、申込手続(もうしこみてつづき)

□ **連絡(れんらく)（する）** 연락

㉮ 連絡方法(れんらくほうほう)、連絡先(れんらくさき)、連絡(れんらく)が入(はい)る

□ **割引(わりびき)（する）** 할인

㉮ 割引販売(わりびきはんばい)、2割引(わりびき)、割引価格(わりびきかかく)

그 외

□ **アイデア** 아이디어

㉮ アイデア商品(しょうひん)、アイデアが浮(う)かぶ、アイデアが豊富(ほうふ)

□ **イメージ（する）** 이미지

㉮ 日本人(にほんじん)のイメージ、イメージが浮(う)かぶ

□ **確認(かくにん)（する）** 확인

㉮ 名前(なまえ)を確認(かくにん)する、再確認(さいかくにん)する、未確認情報(みかくにんじょうほう)

□ **検討(けんとう)（する）** 검토

㉮ 企画(きかく)を検討(けんとう)する、中止(ちゅうし)を検討(けんとう)する、現在検討中(げんざいけんとうちゅう)

□ **システム** 시스템

㉮ 通信(つうしん)システム、交通(こうつう)システム、販売(はんばい)システム

청해 청해 문제에 나오는 키워드

대학 · 학교생활

☐ **教わる**(おそ) 배우다
예 私(わたし)も森先生(もりせんせい)に絵(え)を教(おそ)わったことがある。

☐ **学費**(がくひ) 학비
예 学費(がくひ)を払(はら)う

☐ **キャンパス** 캠퍼스
예 大学(だいがく)のキャンパス

☐ **研究(する)**(けんきゅう) 연구
예 研究室(けんきゅうしつ)、研究会(けんきゅうかい)

☐ **講義**(こうぎ) 강의
예 講義(こうぎ)を聞(き)く、講義(こうぎ)を受(う)ける

☐ **サークル** 서클
예 大学(だいがく)のサークル、サークル活動(かつどう)

☐ **時給**(じきゅう) 시급
예 時給(じきゅう) 800 円(えん)のアルバイト

☐ **実習(する)**(じっしゅう) 실습
예 農業(のうぎょう)の実習(じっしゅう)

☐ **就職活動**(しゅうしょくかつどう) 취직활동

☐ **奨学金**(しょうがくきん) 장학금
예 奨学金(しょうがくきん)を受(う)ける

☐ **進路**(しんろ) 진로
예 進路(しんろ)について相談(そうだん)する

☐ **ゼミ** 세미나 수업
예 経済学(けいざいがく)のゼミ

☐ **専攻(する)**(せんこう) 전공
예 国際経済(こくさいけいざい)を専攻(せんこう)する

☐ **大学院**(だいがくいん) 대학원
예 大学院(だいがくいん)に進学(しんがく)する

☐ **単位**(たんい) 학점
예 単位(たんい)を取(と)る

☐ **知識**(ちしき) 지식
예 知識(ちしき)を得(え)る、専門知識(せんもんちしき)

☐ **発表(する)**(はっぴょう) 발표
예 研究発表(けんきゅうはっぴょう)、ゼミの発表(はっぴょう)

☐ **履歴書**(りれきしょ) 이력서

회사 · 일

☐ **企画書**(きかくしょ) 기획

☐ **アンケート** 앙케이트
예 アンケートをとる、アンケート結果(けっか)をまとめる

☐ **打ち合わせ**(うちあ) 협의, 회의
예 発表会(はっぴょうかい)の打(う)ち合(あ)わせ

☐ **管理(する)**(かんり) 관리
예 商品(しょうひん)の管理(かんり)

☐ **勤務(する)**(きんむ) 근무
예 A社(しゃ)に勤務(きんむ)する、勤務時間(きんむじかん)

☐ **クレーム** 클레임
예 クレームの電話(でんわ)、お客(きゃく)さんからのクレーム

☐ **原稿**(げんこう) 원고
예 原稿(げんこう)をチェックする

☐ **作業(する)**(さぎょう) 작업
예 値札(ねふだ)を付(つ)ける作業(さぎょう)、細(こま)かい作業(さぎょう)

☐ **仕上げる**(しあ) 끝내다
예 一週間(いっしゅうかん)で仕上(しあ)げる、きれいに仕上(しあ)げる

- □ **社会人**(しゃかいじん) 사회인
  - 예 学校を卒業して社会人になる
- □ **出勤(する)**(しゅっきん) 출근
  - 예 朝８時に出勤する
- □ **セミナー** 세미나
  - 예 働く女性のためのセミナー、就職セミナー
- □ **出来上がる**(できあ) 완성되다
  - 예 ５分で出来上がる、出来上がりの日にち
- □ **転勤(する)**(てんきん) 전근
  - 예 大阪に転勤する
- □ **取引先**(とりひきさき) 거래처
  - 예 取引先との打ち合わせ
- □ **人数**(にんずう) 사람 수
  - 예 出席者の人数
- □ **プロジェクト** 프로젝트
  - 예 新製品のプロジェクト、プロジェクトチーム
- □ **ミーティング** 미팅
  - 예 ミーティングに出る
- □ **リスト** 리스트
  - 예 参加者のリスト

관공서 · 도서관 등

- □ **締め切り**(しき) 마감
  - 예 原稿の締め切り
- □ **開館(する)**(かいかん) 개관
  - 예 (図書館などの)開館時間
- □ **貸し出し(する)**(かだ) 대출
  - 예 本の貸し出し
- □ **住所**(じゅうしょ) 주소
  - 예 住所と電話番号を記入する(＝書く)
- □ **問い合わせる**(とあ) 문의하다
  - 예 ホテルに問い合わせる、商品に関する問い合わせ
- □ **届け**(とど) 신청
  - 예 (休みをとりたい、物をなくした、住所が変わった、などで)(会社、警察、役所などに)届けを出す
- □ **返却(する)**(へんきゃく) 반납
  - 예 本を返却する
- □ **身分証 / 身分証明書**(みぶんしょう / みぶんしょうめいしょ) 신분증
- □ **催し**(もよお) 모임
  - 예 公園では、さまざまな催しが行われる。

상품 · 서비스

- □ **売り切れる**(うき) 매진되다
  - 예 早く買いにいかないと、売り切れてしまう。
- □ **価格**(かかく) 가격
  - 예 商品の価格、石油価格
- □ **クーポン** 쿠폰
  - 예 旅行のクーポン、1000円分のクーポン券
- □ **契約(する)**(けいやく) 계약
  - 예 ２年間の契約、契約書
- □ **故障**(こしょう) 고장
  - 예 どこか故障しているかもしれない。
- □ **品物**(しなもの) 상품
  - 예 欲しい品物を選んでもらいましょう。

- ☐ **新品**(しんぴん) 신품
  - ㉄ 新品(しんぴん)だから、全然(ぜんぜん)汚(よご)れてない。
- ☐ **送料**(そうりょう) 송료
  - ㉄ 商品(しょうひん)の代金(だいきん)とは別(べつ)に、送料(そうりょう)が 500 円(えん)かかる。
- ☐ **中古**(ちゅうこ) 중고
  - ㉄ 中古(ちゅうこ)だけど、新品(しんぴん)と変(か)わらない。
- ☐ **通信販売**(つうしんはんばい)／**通販**(つうはん) 통신판매
  - ㉄ 通信販売(つうしんはんばい)でも買(か)えるそうです。
- ☐ **手数料**(てすうりょう) 수수료
  - ㉄ 10%の手数料(てすうりょう)がかかる。
- ☐ **値引き**(ねび)**(する)** 할인
  - ㉄ 1000 円(えん)値引(ねび)きしてくれた。
- ☐ **発売**(はつばい)**(する)** 발매
  - ㉄ 来月(らいげつ)発売(はつばい)される、発売予定(はつばいよてい)、発売日(はつばいび)
- ☐ **半額**(はんがく) 반액
  - ㉄ 半額(はんがく)で買(か)う、半額(はんがく)セール
- ☐ **評判**(ひょうばん) 평판
  - ㉄ 評判(ひょうばん)を聞(き)く、いい評判(ひょうばん)
- ☐ **不良品**(ふりょうひん) 불량품
- ☐ **返品**(へんぴん)**(する)** 반품
  - ㉄ 不良品(ふりょうひん)の場合(ばあい)、返品(へんぴん)できますか。
- ☐ **満席**(まんせき) 만석
  - ㉄ 会場(かいじょう)はすでに満席(まんせき)だった。

교통・이동

- ☐ **往復**(おうふく)**(する)** 왕복
  - ㉄ 往復(おうふく)で３時間(じかん)かかる、往復切符(おうふくきっぷ)
- ☐ **大通り**(おおどお) 큰길
  - ㉄ 大通(おおどお)りに出(で)る、大通(おおどお)り沿(ぞ)いの店(みせ)
- ☐ **交通の便**(こうつう べん) 교통편
  - ㉄ 交通(こうつう)の便(べん)がいい
- ☐ **渋滞**(じゅうたい)**(する)** (교통) 정체
  - ㉄ 渋滞(じゅうたい)でバスが動(うご)かない
- ☐ **近道**(ちかみち) 지름길
  - ㉄ 駅(えき)までの近道(ちかみち)
- ☐ **到着**(とうちゃく)**(する)** 도착
  - ㉄ 飛行機(ひこうき)の到着時間(とうちゃくじかん)
- ☐ **特急**(とっきゅう) 특급
  - ㉄ １時間(じかん)に１本(ぽん)、特急(とっきゅう)もある。
- ☐ **～方面**(ほうめん) ～방면
  - ㉄ 京都方面(きょうとほうめん)行(い)きの電車(でんしゃ)は何番(なんばん)ホームですか。
- ☐ **目印**(めじるし) 표시
  - ㉄ 何(なに)か目印(めじるし)になるものはないですか。
- ☐ **最寄り**(もよ) 가장 가까운 곳
  - ㉄ 最寄(もよ)りの駅(えき)はどこですか。

건강・미용

- ☐ **体調**(たいちょう) 컨디션
  - ㉄ 体調(たいちょう)が悪(わる)い、体調(たいちょう)に気(き)をつける
- ☐ **ウイルス** 바이러스
  - ㉄ 風邪(かぜ)のウイルス
- ☐ **顔色**(かおいろ) 안색
  - ㉄ 顔色(かおいろ)がよくない
- ☐ **かゆい** 가렵다
- ☐ **禁煙**(きんえん)**(する)** 금연
  - ㉄ この中(なか)は禁煙(きんえん)です。

□ 症状(しょうじょう) 증상
㉠ 風邪(かぜ)の症状(しょうじょう)、症状(しょうじょう)は軽(かる)い。

□ ジョギング 조깅

□ ストレス 스트레스
㉠ ストレスを感(かん)じる、仕事(しごと)のストレス

□ だるい 나른하다
㉠ 熱(ねつ)のせいで、体(からだ)がだるい。

□ トレーニング 트레이닝

□ ヘルシー(な) 헬시, 건강한 모양
㉠ ヘルシーな料理(りょうり)

□ 予防(よぼう)(する) 예방
㉠ 風邪(かぜ)を予防(よぼう)する

스포츠 · 취미

□ インタビュー 인터뷰
㉠ 選手(せんしゅ)にインタビューする

□ 温泉(おんせん) 온천

□ 休日(きゅうじつ) 휴일
㉠ 休日(きゅうじつ)はどのように過(す)ごしていますか。

□ 食事会(しょくじかい) 식사회
㉠ 食事会(しょくじかい)の約束(やくそく)がある

□ スポーツクラブ 스포츠클럽

□ ダイエット 다이어트
㉠ ダイエットを始(はじ)める、ダイエット効果(こうか)

□ ネット(インターネット) 인터넷
㉠ ネットで注文(ちゅうもん)する、ネットで調(しら)べる

□ 録画(ろくが)(する) 녹화
㉠ 録画(ろくが)予約(よやく)をする、録画(ろくが)するのを忘(わす)れる

경제 · 사회

□ 給料(きゅうりょう) 월급
㉠ 給料(きゅうりょう)が上(あ)がる、給料(きゅうりょう)のいい会社(かいしゃ)

□ 景気(けいき) 경기
㉠ 景気(けいき)がよくなる、不景気(ふけいき)

□ 効果(こうか) 효과
㉠ 効果(こうか)がある、効果(こうか)が出(で)る

□ コスト 비용
㉠ コストがかかる、コストが増(ふ)える

□ 消費税(しょうひぜい) 소비세
㉠ 消費税(しょうひぜい)が加(くわ)わる

□ 粗大(そだい)ごみ 대형 쓰레기

□ 流行(はや)る 유행하다
㉠ 今年(ことし)流行(はや)った曲(きょく)

□ ボーナス 보너스
㉠ ボーナスが出(で)る

□ 保険証(ほけんしょう) / 健康保険証(けんこうほけんしょう) 건강보험증

□ 予算(よさん) 예산
㉠ 市(し)の予算(よさん)、予算(よさん)の四分(よんぶん)の一(いち)を占(し)める

□ 料金(りょうきん) 요금
㉠ 料金(りょうきん)の支払(しはら)い、料金(りょうきん)の値上(ねあ)げ

장소 · 방향

□ ATM 현금인출기
㉠ ATMに寄(よ)る、ATMでお金(かね)を下(お)ろす

□ 裏(うら) 뒤
㉠ 裏(うら)に名前(なまえ)が書(か)いてある。/ 裏(うら)から入(はい)る

□ 川沿(かわぞ)い 강가
㉠ 川沿(かわぞ)いを歩(ある)く

☐ 逆(ぎゃく) 반대 방향
㊀ 左右が逆。／この電車は、逆の方向だ。
（さゆう　ぎゃく　でんしゃ　ぎゃく　ほうこう）

☐ スペース 스페이스
㊀ 荷物を置くスペースがない。
（にもつ　お）

☐ 隅(すみ) 구석
㊀ 部屋の隅に置いた。

☐ 中央(ちゅうおう) 중앙
㊀ 部屋の中央にテーブルを置く
（へや　ちゅうおう　お）

☐ 中心(ちゅうしん) 중심
㊀ 街の中心にあるのが、この建物です。

☐ 突き当たり(つきあたり) 막다른 곳
㊀ その日は、2階の突き当たりの部屋に泊まった。

☐ 手前(てまえ) 바로 앞
㊀ 一つ手前の駅で降りた。

☐ 端(はし) 끝
㊀ 右端の人が田中さんです。／机の端に置く

☐ 向かい(むかい) 맞은 편
㊀ 向かいのビル

☐ 向こう(むこう) 맞은 편
㊀ 道の向こう側／向こうに着いたら電話して。
（みち　む　がわ　む　つ　でんわ）

☐ リビング(ルーム) 거실

크기・모양・재료

☐ 2倍(ばい) 2배

☐ 2分の1(ぶん) 2분의 1

☐ 2割(わり) 20퍼센트

☐ 50パーセント 50퍼센트

☐ アルコール 알코올
㊀ アルコールの入ってない飲み物がいいんですが。
（はい　の　もの）

☐ 缶(かん) 캔
㊀ 缶コーヒー、缶づめ(통조림)、空き缶、缶切り
（かん　かん　あ　かん　かんき）

☐ 三角(さんかく) 삼각

☐ 四角(しかく) 사각

형용사

☐ 暑い(あつい) 덥다
㊀ 暑い日、暑い夜

☐ 薄い(うすい) 얇다
㊀ 薄い本だから、すぐに読めるでしょう。

☐ かっこいい 멋있다
㊀ かっこいい車

☐ 地味(じみ)(な) 수수함, 검소함
㊀ 彼はまじめで、服もいつも地味だ。
（かれ　ふく　じみ）

☐ 長細い(ながぼそい) 길고 가늘다, 갸름하다
㊀ 長細い箱のほうがいい。
（ながぼそ　はこ）

☐ 細長い(ほそながい) 길고 가느다랗다, 홀쭉하다
㊀ 棒のように、細長い形をしたお菓子です。

☐ 派手(はで)(な) 화려함
㊀ あまり派手なのより、落ち着いた感じのほうがいい。

☐ 丸い(まるい) 동그랗다
㊀ 丸いテーブル

사람

☐ 奥さん(おくさん)／奥様(おくさま) 부인
㊀ 田中さんの奥さん

☐ お年寄り(おとしより) 노인
㊀ お年寄りに席をゆずる

☐ 係(かかり)／係り(かかり) 담당
㊀ 受付の係、係の人、係員
（うけつけ　かかり　かかり　ひと　かかりいん）

□ **参加者**(さんかしゃ) 참가자

□ **自分**(じぶん) 자기

예 自分の持ち物、自分で決める

□ **主人**(しゅじん)**／だんなさん** 남편

예 田中さんのご主人

□ **上司**(じょうし) 상사

예 上司に報告する、上司に相談する

□ **親戚**(しんせき) 친척

예 親戚が集まる

□ **担当者**(たんとうしゃ)**／担当の者**(たんとうのもの) 담당자

예 担当の者に代わりますので、しばらくお待ちください。

지시대명사

□ **こういう** 이런

예 こういう経験はありませんか。

□ **そういう** 그런

예 そういうことを言いたいんじゃありません。

□ **ああいう** 저런

예 ああいう事故は二度と起きてほしくない。

□ **このあたり** 이 부근

예 このあたりに食べるところはありませんか。

□ **それくらい** 그 정도

예 それくらい自分でやってほしい。

□ **どのような** 어떤

예 どのような活動をしているのですか。

「～ない」의 형태

□ **あまり～ない** 그다지 ~ 아니다

예 あまりおいしくなかった。

□ **全然**(ぜんぜん)**～ない** 전혀 ~ 아니다

예 全然おもしろくなかった。

□ **そんなに～ない** 그렇게 ~ 아니다

예 そんなに安くなかった。

그 외

□ **かまわない** 상관없다

예 お返事は来週でもかまいません。

□ **ごちそうする** 대접하다

예 今日は私がごちそうします。

□ **しかも** 게다가

예 おいしくて、しかも安かった。

□ **そう言えば**(い) 그러고 보니

예 そう言えば、もうすぐオリンピックですね。

□ **そうなんだ** 그렇구나!

예 「来月、引っ越しするんです。」「へー、そうなんだ。」

□ **ついでに** 하는 김에

예 出かけるの？ じゃあ、ついでにこれをポストに出してくれる？

MEMO

MEMO

딱! 한권 JLPT 일본어능력시험 모의고사 3회분 N3

초판발행	2018년 5월 25일
1판 4쇄	2024년 7월 25일

저자	渡邉亜子・菊池富美子・日置陽子・黒江理恵・森本智子・高橋尚子・有田聡子
편집	조은형, 김성은, 오은정, 무라야마 토시오
펴낸이	엄태상
디자인	권진희
콘텐츠 제작	김선웅, 장형진
마케팅본부	이승욱, 왕성석, 노원준, 조성민, 이선민
경영기획	조성근, 최성훈, 김다미, 최수진, 오희연
물류	정종진, 윤덕현, 신승진, 구윤주

펴낸곳	시사일본어사(시사북스)
주소	서울시 종로구 자하문로 300 시사빌딩
주문 및 문의	1588-1582
팩스	0502-989-9592
홈페이지	www.sisabooks.com
이메일	book_japanese@sisadream.com
등록일자	1977년 12월 24일
등록번호	제 300-2014-92호

ISBN 978-89-402-9238-9 18730
978-89-402-9235-8 18730 (set)

Jリサーチ出版
日本語能力試験完全模試N3

딱! 한권

일본어능력시험

JLPT

시즌1

모의고사 3회분

문제

공저
渡邊亜子
菊池富美子
日置陽子
黒江理恵
森本智子
高橋尚子
有田聡子

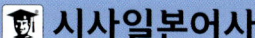

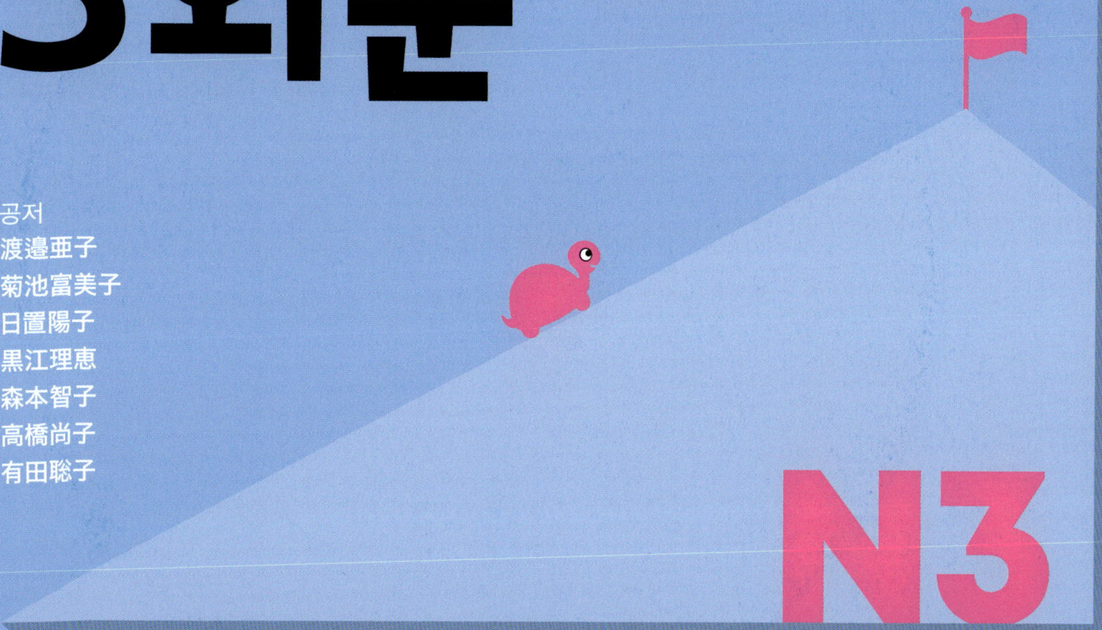

N3

★ 뒤에 해답용지가 있습니다.

시사일본어사

모의고사 제1회

N3

언어지식
(문자·어휘)

30
분

2分（1問10秒）

問題１　＿＿＿のことばの読み方として最もよいものを、１・２・３・４から一つえらびなさい。

1 この石(せっ)けんは、<u>天然</u>の油(あぶら)だけで作(つく)られている。

1　てんけん　　2　てんせん　　3　てんぜん　　4　てんねん

2 家族と<u>親しい</u>友人を集めて、結婚(けっこん)パーティーを行った。

1　けわしい　　2　したしい　　3　くわしい　　4　くやしい

3 むこうの<u>岸</u>まで泳(およ)いでみよう。

1　きし　　2　りく　　3　とち　　4　たに

4 あさってまでに、この資料(しりょう)を<u>提出</u>してください。

1　てしゅう　　2　てしゅつ　　3　ていしゅう　　4　ていしゅつ

5 どちらのコーヒーがおいしいか、<u>比べて</u>みてください。

1　ならべて　　2　くらべて　　3　しらべて　　4　えらべて

6 日曜日の朝、バスに乗(の)ったら、<u>乗客</u>がほとんどいなかった。

1　じょうぎゃく　　2　しょうぎゃく　　3　じょうきゃく　　4　しょうきゃく

7 <u>都会</u>で生活(せいかつ)するのは、お金がかかる。

1　つあい　　2　とあい　　3　つかい　　4　とかい

8 日焼(ひや)けをし過(す)ぎて、<u>肌</u>が真っ赤になってしまった。

1　ひふ　　2　はだ　　3　のう　　4　こし

2分（1問15秒）

問題2 ＿＿＿のことばを漢字で書くとき、最もよいものを、１・２・３・４から一つえらびなさい。

9 計算(けいさん)を間違(まちが)えて、合計(ごうけい)きんがくが違(ちが)っている。

1 金価　2 金学　3 金額　4 金格

10 ここにゴミをすてないでください。

1 捨て　2 素て　3 吸て　4 落て

11 最近(さいきん)ずっと頭痛(ずつう)がするので、けんさを受(う)けた。

1 建査　2 健査　3 検査　4 険査

12 この犬はとてもかしこい。

1 偉い　2 賢い　3 優い　4 利い

13 たまねぎを切ったら、なみだが出てきた。

1 泳　2 泣　3 汗　4 涙

14 次(つぎ)の電車は、この駅をつうかする。

1 通過　2 通貨　3 通加　4 通下

5分（1問30秒）

問題３　（　　　）に入れるのに最もよいものを、１・２・３・４から一つえらびなさい。

15　あの選手(せんしゅ)は今日は（　　　）がよくないね。体調(たいちょう)が悪いのかなあ。

1　動き　　2　働(はたら)き　　3　行き　　4　戻(もど)り

16　今年は給料(きゅうりょう)が少しだけ（　　　）した。

1　トップ　　2　チェック　　3　アップ　　4　カット

17　上司(じょうし)に相談(そうだん)に（　　　）もらった。

1　乗って　　2　聞いて　　3　会って　　4　受(う)けて

18　これから、先日の会議(かいぎ)で決(き)まったことを（　　　）いたします。

1　研究　　2　発表(はっぴょう)　　3　講義(こうぎ)　　4　表現(ひょうげん)

19　昨日、夜中に（　　　）友達(ともだち)が訪(たず)ねて来て、驚(おどろ)いた。

1　しばらく　　2　なるべく　　3　とにかく　　4　いきなり

20　台風が近づいているから、これから雨が（　　　）なるだろう。

1　つらく　　2　はげしく　　3　するどく　　4　おそろしく

21　この机(つくえ)は脚(あし)が（　　　）していないから、使わないほうがいい。

1　すっかり　　2　うっかり　　3　しっかり　　4　そっくり

22　朝、ひげを（　　　）時間がなかった。

1　そる　　2　とる　　3　かる　　4　おる

23　コンテストの出場（　　　）の中には、外国人もいた。

1　家　　2　人　　3　者　　4　員

24　大学時代のサークルの（　　　）たちと、久(ひさ)しぶりに集まった。

1　年上　　2　仲間(なかま)　　3　親友　　4　同僚(どうりょう)

25 こんなに辛い料理を食べても、リンさんは（　　　）な顔をしている。

1 人気　　2 勇気　　3 本気　　4 平気

問題４ ＿＿＿に意味が最も近いものを、１・２・３・４から一つえらびなさい。

3分（1問30秒）

26 あそことうちとでは、会社の歴史(れきし)が違(ちが)う。

1 近さ　　2 高さ　　3 広さ　　4 古さ

27 明日(あした)は休日だからたっぷり寝(ね)よう。

1 かるく　　2 たくさん　　3 ふかく　　4 やさしく

28 課長(かちょう)はこの結果に不満(ふまん)のようだ。

1 うれしい　　2 楽しい　　3 驚(おどろ)いている　　4 いやだ

29 今日の授業(じゅぎょう)は退屈(たいくつ)だった。

1 おそい　　2 おもしろくない　　3 むずかしい　　4 きびしい

30 急に仕事が入ったので、週末(しゅうまつ)の旅行の予約(よやく)を取(と)り消(け)した。

1 かえた　　2 のばした　　3 やめた　　4 へらした

5分（1問60秒）

問題5　次のことばの使い方として最もよいものを、１・２・３・４から一つえらびなさい。

31 入力

1 このドアは重いので、入力して押してください。

2 画面のこの部分に名前を入力してください。

3 彼は新しい企画に入力している。

4 携帯電話の調子が悪く、電源を入力しても動かない。

32 付き合う

1 家の近くで偶然、同僚に付き合った。

2 友達がショッピングに付き合ってくれた。

3 先週、友達の結婚式に付き合った。

4 この仕事は私に付き合っている。

33 スペース

1 家の前に車を止めるスペースがある。

2 マラソンはスペースを考えて走らないと、最後まで続かない。

3 試験の日まで、あと１日スペースがある。

4 会議が始まるまであと 10 分しかスペースがない。

34 まぶしい

1 部屋が暗いので、電気をまぶしくした。

2 彼女はいつもまぶしい色の服を着ている。

3 まぶしいので、カーテンを閉めた。

4 靴をみがいたら、まぶしくなった。

35 雇う

1 このアルバイトの条件は、週３日以上雇える人だ。

2 求人広告を出したら、15 人もの人が雇って来た。

3 遅刻ばかりしていたので、仕事を雇われた。

4 この会社では、毎年３人の新入社員を雇っている。

모의고사 제1회

N3

언어지식
(문법)

독해

70
분

7分（1問30秒）

問題１　つぎの文の（　　　）に入れるのに最もよいものを、１・２・３・４から一つえらびなさい。

1 人気商品だから、売り切れない（　　　）早めに買っておこう。

1　あいだに　　2　うちに　　3　かぎり　　4　かわりに

2 エアコンを買い替え（　　　）、１か月の電気代が1500円も安くなった。

1　たところ　　2　たてで　　3　たって　　4　たばかりの

3 父親　「外国から来た言葉はカタカナで書くんだよ。」

子ども「じゃあ、ミカンは昔から日本にある言葉な（　　　）、なんでカタカナで書くの？」

1　から　　2　ために　　3　にしては　　4　のに

4 （動物病院で）

A「手術にはかなりのお金がかかりますよ。」

B「この子を助ける（　　　）なら、いくらでも払います。」

1　べき　　2　はず　　3　ため　　4　せい

5 A「火事の原因は何？」

B「まだ、よくわからないらしいけど、ストーブが（　　　）だったそうよ。」

1　つけてある　　2　つけっぱなし　　3　つけている　　4　つけておく

6 A「明日も会社、休みますか。」

B「いえ、熱（　　　）下がれば、行けると思います。」

1　こそ　　2　を　　3　さえ　　4　も

7 A「歓迎会のこと、彼女が忘れる（　　　）んだけど、どうしたのかなあ。」

B「忙しいんだよ、きっと。昨日も遅くまで残業だったみたいだよ。」

1　しかない　　2　はずがない　　3　わけじゃない　　4　とはかぎらない

8 A「家庭料理ですが、どうぞ（　　　）。」

B「ありがとうございます。いただきます。」

1 食べなさい　　2 いただいてください

3 召し上がってください　　4 お食べになられて

9 A「あれ、この店、今日休み？」

B「1月15日～22日まで（　　　）って書いてあるね。」

1 休んでもいいでしょうか　　2 休ませています

3 休んでいただきます　　4 休ませていただきます

10 A「スキーはどうだった？」

B「スキー場は外国人（　　　）で、日本じゃないみたいだったよ。」

1 ばかり　　2 ほど　　3 にかぎらず　　4 をめぐって

11 母「テーブルの上に置い（　　　）お弁当、持った？」

娘「うん、持った。ありがとう。」

1 て　　2 てくる　　3 ている　　4 ておいた

12 妻「診察の結果はどうだったの？」

夫「うん、タバコをやめる（　　　）。」

1 ようになっている　　2 ように感じる

3 と言われた　　4 ように言われた

13 A「黒板の字、見える？」

B「あの先生の字はいつも小さくて見えないよ。もっと大きく（　　　）。」

1 書いてほしいね　　2 書くことにするね

3 書いてくれないね　　4 書くわけにはいかないね

5分（1問50秒）

問題2　つぎの文の＿★＿に入る最もよいものを、１・２・３・４から一つえらびなさい。

（問題例）

つくえの ＿＿＿ ＿＿＿ ＿★＿ ＿＿＿ あります。

1　が　　2　に　　3　上　　4　ペン

（解答のしかた）

１．正しい文はこうです。

つくえの ＿＿＿ ＿＿＿ ＿★＿ ＿＿＿ あります。
　　３ 上　２ に　４ ペン　１ が

２．＿★＿ に入る番号を解答用紙にマークします。

（解答用紙）	（例）	① ② ③ ●

14 ＿＿＿ ＿＿＿ ＿★＿ ＿＿＿ にかけてきれいに咲きます。

1 桜は　2 ３月末から　3 公園の　4 ４月上旬

15 ＿＿＿ ＿＿＿ ＿★＿ ＿＿＿ 作ったが、うまくできなかった。

1 とおりに　2 書いてある　3 本に　4 料理の

16 ＿＿＿ ＿＿＿ ＿★＿ ＿＿＿、とても心が落ち着く。

1 川の流れる　2 に加えて　3 音も聞こえて　4 虫の音

17 近所づきあいが、＿＿＿ ＿＿＿ ＿★＿ ＿＿＿、よくわかった。

1 どんなに　2 大切なものか　3 うえで　4 生活する

18 この問題 ＿＿＿ ＿＿＿ ＿★＿ ＿＿＿ わからなくなる。

1 ほど　2 考える　3 は　4 考えれば

6分（1問70秒）

問題３ 次の文章を読んで、文章全体の内容を考えて、 19 から 23 の中に入る最もよいものを、１・２・３・４から一つ選びなさい。

変わるサービス

２、３年前、ある店で洋服を買った。支払いが済むと、店員は紙の袋に入れた品物を持って私のところに 19 。私は手を伸ばして品物を受け取ろうとした。 20 、店員は「そこまでお持ち致します」と言って、紙の袋を持って私と一緒に店の入り口まで来た。そして、入り口で私に袋を渡して「ありがとうございました」と言った。

私は、 21 は初めてだったので、ずいぶん丁寧な店だと感じた。しかし、その後、いろいろな店で同じような応対を受けるようになった。

日本の店のサービスの良さについては外国の人たちからよく言われることだが、客の気持ちをさらに 22 と、サービスの仕方はいつも工夫され、変化していることを実感した。

最初は、こんなにまで丁寧にしなくてもいいのではないかとも思ったが、このサービスに慣れてくると、そうしてもらうことが今では普通になってしまって、特別のサービスとは 23 。これからどのようなサービスが考えられるのか、楽しみでもある。

19

1 戻（もど）る　2 戻（もど）ろうとした　3 戻（もど）ろう　4 戻（もど）ってきた

20

1 つまり　2 そして　3 それから　4 すると

21

1 このような応対（おうたい）　2 あのような応対（おうたい）
3 あの店の応対（おうたい）　4 この店の応対（おうたい）

22

1 満足（まんぞく）しよう　2 満足（まんぞく）させられる　3 満足（まんぞく）して　4 満足（まんぞく）させよう

23

1 感（かん）じたり感（かん）じなかったりである　2 感（かん）じなくなってきている
3 感（かん）じさせられる　4 感（かん）じるにちがいない

12分（1大問3分）

問題４ **つぎの(1)から(4)の文章を読んで、質問に答えなさい。答えは、１・２・３・４から最もよいものを一つえらびなさい。**

(1)

これは、国際交流（こうりゅう）クラブ代表の田中さんがメンバーに送ったメールである。

国際交流（こうりゅう）クラブ(ICC)の皆さんへ こんにちは。ICC代表の田中です。 今年の国際交流会に向けて、下記（かき）のとおり、第１回目の会議を行います。 日時　：　４月20日(木)17:00～19:00 場所　：　市民会館　会議室 出席できるかどうか、４月６日(木)までにお返事ください。 また、出席できない人は、４月17日から19日の間で夕方の会議に参加できる日をあわせてお知らせください。 今回の会議では、今年の交流（こうりゅう）会の内容についてアイデアを出し合いますので、多くの人に参加していただきたいと思います。よろしくお願いします。 田中

24　４月20日の会議に**出席できない**人は、何をしなければならないか。

1　第１回目の会議に出席する。
2　４月６日までに都合の良い日を伝える。
3　４月17日から19日の間に市民会館へ行く。
4　交流会についてのアイデアをメールで送る。

(2)

古本を集めています！

ご自宅に、読まなくなった本や人にあげられる本はありませんか？　東京ボランティアセンターでは古本を集めています！

集まった本は、6月13日（日）に行う「古本バザー」で販売し、その売り上げを“国際児童センター”に全額寄付します。

ご協力くださる方は、古本をお持ちになり、5月31日（月）までに東京ボランティアセンターへお越しください。なお、古本は雑誌や漫画でもかまいません。今回対象となる本は下記の通りです。みなさんのご協力をお願いします。

対象とする本　：一般の書籍のほか、絵本・雑誌・漫画など
対象としない本：教科書・問題集、また、カタログ・フリーペーパーなど

25 この文章を見て、協力したいと思った人の行動として、正しいものはどれか。

1　いらない本を売って、そのお金を国際児童センターへ届ける。

2　使わなくなった教科書があれば、古本バザーの会場へ持っていく。

3　いらない漫画があれば、ボランティアセンターへ送る。

4　いらない絵本があれば、ボランティアセンターへ持っていく。

(3)

先日、洋菓子店のウェブサイトで注文したお菓子が家に届いた。知り合いの家へ持って行く贈り物だったのだが、プレゼント用だと入力するのを忘れてしまい、ラッピングがされていなかった。次の日の朝、よく行く近所の花屋に駆け込んで事情を説明すると、すぐにきれいな紙で箱を包み、リボンをつけてくれた。「お代は？」と聞くと、いつも買っていただいているのでけっこうです、と笑顔で答えてくれ、さらに感激した。急いでいたので<u>本当に助かった</u>。

26 <u>本当に助かった</u>とあるが、何が助かったと言っているか。

1 お菓子の箱に無料で花とリボンがつけられたこと
2 お菓子屋さんがすぐに新しい品物を届けてくれたこと
3 花屋さんがお菓子の箱をきれいに包んでくれたこと
4 インターネットで商品を注文することができたこと

(4)

「共感覚」という言葉がある。共感覚を持っている人は、音を聞いたり、文字や言葉を見たりすると、それと同時に色なども感じるという。その色は人によって違い、共感覚を持っている人すべてが同じというわけではない。たいていの場合、彼らはそれを特別なことだと気づいていない。それを知ると驚くが、「自分に必要なもので、失いたくない」と感じるのだという。最近の研究では、赤ちゃんのころは誰でも共感覚を持っているとも言われている。普通は成長すると失われていくものなのだが、一部の大人には残ってしまうのだそうだ。

27 この文章について、正しいものはどれか。

1 共感覚は、子どもから大人まで、すべての人が持っているものだ。
2 共感覚が珍しいものだと知ると、たいていの人は嫌だと感じる。
3 子どものころ、共感覚を持っていても、大人になるとなくなることが多い。
4 人が共感覚で感じる色に違いはなく、皆同じである。

14分（1大問7分）

問題5　つぎの(1)と(2)の文章を読んで、質問に答えなさい。答えは、1・2・3・4から最もよいものを一つえらびなさい。

(1)

日本には四季があり、昔から季節ごとに「旬」の食材を楽しんできました。例えば、夏の野菜と言えばキュウリやスイカ、冬の野菜と言えば大根が代表的です。しかし、最近は、ほとんどの食材が一年中スーパーで売られ、<u>「旬」が分からない</u>①消費者が増えています。それは残念なことです。

旬のものを食べることには多くの<u>長所</u>②があります。まず、その食材の旬の時期に収穫されたものは、最もよい条件で自然の恵み（注1）を十分に蓄えながら育ったものです。当然、味は最高においしく、栄養も豊富です。また、旬のものは、その季節に私たちの体が必要とするものを与えてくれます。例えば、夏の野菜のキュウリは水分が多く、汗で失われた水分を補ってくれます。さらに、旬のものを選ぶことは環境にもいいのです。一年を通じて生産が可能なハウス栽培（注2）は便利ですが、温度管理が必要なため、ガスや電気を大量に消費し、環境に負担となるのです。

ぜひ旬を考えて食材を選びましょう。消費者がもっと旬の食材を選ぶようになれば、スーパーにも季節に合った食材が増えていくでしょう。

（注1）自然の恵み：食べ物や資源など、自然から得られるありがたいもの

（注2）ハウス栽培：ビニールを使った小屋の中で、温度を管理しながら野菜などを育てること

28 ①「旬(しゅん)」が分からないとは、どのような意味か。

1　いつが旬(しゅん)か、わからない。

2　どこで旬(しゅん)のものが買えるか、わからない。

3　旬(しゅん)という字の読み方がわからない。

4　旬(しゅん)という言葉の意味がわからない。

29 ②長所(ちょうしょ)として、この文章の中で**書かれていない**ことはどれか。

1　季節に合ったものは、余分(よぶん)なエネルギーを使わずに育てられる。

2　旬(しゅん)のものには、その時期に体が必要とする栄養(えいよう)が多く含まれている。

3　温度さえ管理(かんり)すれば、一年中それを生産し食べることができる。

4　自然な状態(じょうたい)で育ったものを食べるので、体にも環境(かんきょう)にもいい。

30 この文章の中で一番言いたいことはどれか。

1　消費者はそれぞれの食材の旬(しゅん)の時期を覚えなければならない。

2　消費者には、旬の良さを知り、旬(しゅん)を意識(いしき)した食生活をしてほしい。

3　「旬(しゅん)」は日本の食文化であり、守っていくべきである。

4　旬(しゅん)の食材は大変貴重(きちょう)であり、味わって食べるのがいい。

(2)

私にとって、中学校でのサッカー部の思い出は忘れられないものになった。中でも、コーチの山下先生は、私の人生に最も影響(えいきょう)を与(あた)えてくれた人だ。

山下先生はとにかく厳(きび)しかった。朝からグラウンドを何周も走らされ、チームの誰(だれ)かがミスをすれば全員が叱(しか)られた。力を抜(ぬ)くことは決して許されなかった。その辛さに耐(た)えられず、2年生になる前にサッカー部を辞めようと思った。ところが、2年生になっても辞(や)めることはなかった。少しずつ自分が成長している実感(じっかん)があり、また、試合に勝った時やゴールを決めた時の喜(よろこ)びを感じ始めていたからだ。

時には調子が悪くなって、悩(なや)む時期もあった。そんな時でも、山下先生は試合のメンバーから私を外(はず)さず、いつも励(はげ)ましてくださった。また、チームの仲間(なかま)が支(ささ)えてくれた。

山下先生との出会いを通して、努力をする大切さや人を思いやる(注)大切さを学んだ。この二つは、教師になった今も、常(つね)に心にとめていることだ。

（注）思いやる：その人の気持ちになって考える

31 辞(や)めることはなかったのは、なぜか。

1 先生が怖くて、辞(や)めたいと言えなかったから

2 途中で辞(や)めることが許されなかったから

3 一度でも試合でゴールを決めるまで辞(や)めたくなかったから

4 自分に力がついてきたと感じていたから

32 この文章を書いた人の調子が悪かった時、山下先生はどうしたか。

1 より厳(きび)しい練習をさせた。

2 試合を休ませ、元の状態(じょうたい)に戻るまで待った。

3 ほかのメンバーにこの人を励(はげ)ますように言った。

4 この人の力を信じて、機会を与(あた)え続けた。

33 山下先生の指導(しどう)を受けた経験は、この文章を書いた人の何に最も影響(えいきょう)を与(あた)えたか。

1 スポーツに対する考え方

2 日々の行動に対する考え方

3 友達との付き合い方

4 教師という職業に対する見方

12分

問題6　つぎの文章を読んで、質問に答えなさい。答えは、1・2・3・4から最も よいものを一つえらびなさい。

2011年現在、日本の人口1億2,780万人のうち、65歳以上の高齢者は2,975万人で、過去最高になった。また、65歳以上の高齢者がいる家庭のうち、約25%が一人暮らしの家庭、約30%が夫婦のみの家庭で、一人または夫婦のみで暮らす高齢者が年々増加している。そうした状況①の中で、利用者が増えているのが、配食サービスだ。

配食サービスとは、栄養バランスの良い食事を定期的に届けるサービスで、1食400円ぐらいで利用できる。配食サービスの主な目的は2つある。

1つ目は、栄養バランスを一番に考えた食事を届けることによって、利用者の健康維持に役立つことだ。その栄養バランスの良さが注目され、最近では、高齢者ばかりでなく、若い人の利用も増えているそうだ。特に、子どもを産んだ直後の女性や、健康には気をつけていても忙しすぎる人などが利用しているという。

2つ目は、食事を届ける時に「お変わりありませんか」などと聞くことによって、利用者の健康状態を確認したり、社会的孤立(注)を防いだりすることだ。実際に、配食サービスの効果を調べたある調査によると、「定期的に人が来てくれるので、急に倒れても早く対応してもらえるという安心感②がある」「人と話す機会が増えた」などの回答が多かったそうだ。

配食サービスを行う企業や団体が増え、利用者は、自分に合った食事の味や費用、配食の回数などが選びやすくなっている。今後、利用者はますます増えるだろう。

(注) 孤立：一人だけで、つながりや助けがないこと

34 ①そうした状況とは、どのような状況か。

1 65歳以上の高齢者が増え、日本の人口の約3分の1になった。
2 人口に占める65歳以上の高齢者の割合が、日本が世界で一番高くなった。
3 一人暮らしをしている人のうち、4人に1人が65歳以上の高齢者だ。
4 65歳以上の高齢者がいる家庭の半分以上は、子や孫と住んでいない。

35 ここで言う、②安心感とはどのようなものか。

1 専門家の栄養管理によって、病気を予防できる。
2 病気になった時に誰かに気付いてもらえる。
3 自分の話をよく聞いてくれる人がいる。
4 調子が悪くなったら、すぐに医者が来てくれる。

36 この文章で書かれていることと合っているものはどれか。

1 配食サービスは、高齢者向けに日本で最初に始まったサービスである。
2 栄養面を考えて、さまざまな年代の人が配食サービスを利用するようになった。
3 配食の内容や回数は、専門家が利用者一人ひとりに合わせて決めてくれる。
4 配食サービスの利用が広がったことで、病気になる高齢者が減った。

37 この文章は主に何について書かれているか。

1 配食サービスの課題
2 配食サービスの種類
3 配食サービスの今後
4 配食サービスの良さ

8分

問題7 右のページは、ABC料理教室の案内である。これを読んで、下の質問に答えなさい。答えは、１・２・３・４から最もよいものを一つえらびなさい。

38 和食(わしょく)が好きなエリナさんは、４月から料理教室に通って、自分でも簡単な和食(わしょく)を作れるようになりたいと思っている。平日の月～金曜日は毎日仕事があるため、休みの日に通うことにした。エリナさんに合うコースはどれか。

1 ①
2 ②
3 ③
4 ④

39 田中さんは、パーティー料理やケーキ作りなどを習うために４月からABC料理教室に通うことにした。田中さんが１回目の授業の時に用意しなければならないものはどれか。

1 会費
2 自分用の箸(はし)
3 お菓子(かし)を入れる物
4 1000円

ABC料理教室

4月からのコース　ご案内

	コース名	コースの説明	期間	曜日・時間	会費
①	はじめての日本料理	日本料理を一から習い、基本的な味付け、調理法を覚えます。	6か月（全12回）	第1,3水曜 17時～19時	30,000円
②	日本料理の基本Ⅰ	家庭料理を中心に、日本料理の基本を覚えます。	2か月（全8回）	毎週土曜 14時～16時	20,000円
③	日本料理の基本Ⅱ	「日本料理の基本Ⅰ」を終えた人が受けることができます。	2か月（全8回）	毎週日曜 14時～16時	20,000円
④	和菓子(わがし)	季節の和菓子(わがし)を中心に、日本の伝統(でんとう)的なお菓子(かし)作りを習います。	1年（全12回）	第3日曜 10時～12時	35,000円
⑤	洋食・中華(ちゅうか)の基本	洋食や中華(ちゅうか)の人気料理を中心に、作り方を覚えていきます。	6か月（全12回）	第2,4土曜 17時～19時	30,000円
⑥	パーティー料理	特別な日のために、世界の料理やケーキの作り方を習います。	4か月（全8回）	第1,3水曜 10時～12時	25,000円
⑦	手作りパン	パン作りを基本から習います。家庭でも焼きたてのパンが楽しめます。	1年（全12回）	第3金曜 17時～19時	35,000円

お申し込み

・各教室、電話、インターネットでお申し込みができます。
・初回の2週間前までにお願いします。
・お申し込みが完了したら、ABC料理教室から会費の払込用紙(はらいこみようし)が届きます。

会費のお支払い

・銀行またはコンビニエンスストアでお支払いください。
・各教室でもお支払いいただけます。払込用紙(はらいこみようし)をお持ちください。
・初回の1週間前までにお願いします。

持ちもの

エプロン、三角巾(さんかくきん)、テキスト、会員カード、筆記用具(ひっきようぐ)

※ 上記に加え、初回のみ、テキスト代（1,000円）をお持ちください。
※「手作りパン」の方は、パンを持ち帰るためのビニール袋、「和菓子(わがし)」の方は、お菓子(かし)を持ち帰るための容器(ようき)もご用意ください。
※ 箸(はし)やスプーン、フォークはこちらでもご用意しています。

모의고사 제1회

N3

청해

45
분

問題 1

02~09 1회

問題１では、まず質問を聞いてください。それから話を聞いて、問題用紙の１から４の中から、最もよいものを一つえらんでください。

れい

1　きゃくをかいぎ室にあんないする。

2　しりょうをコピーする。

3　きゃくにお茶を出す。

4　かいぎ室のエアコンをつける。

1ばん

1

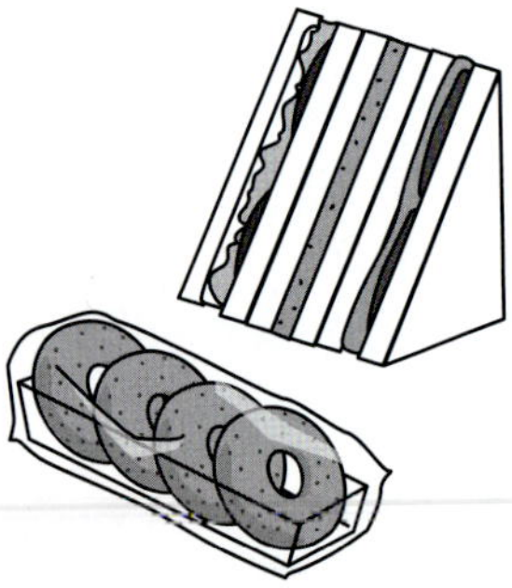

2

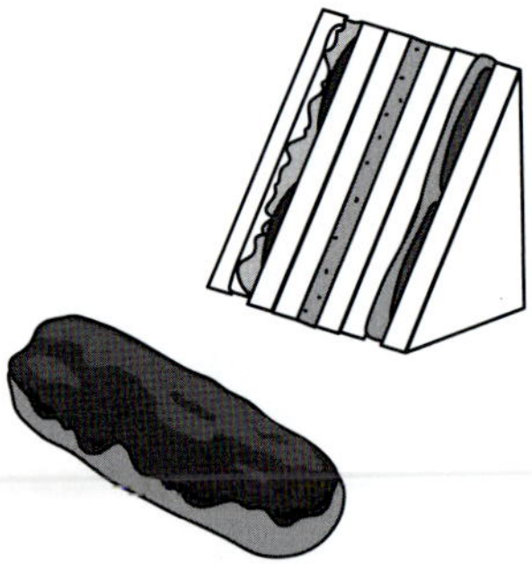

3

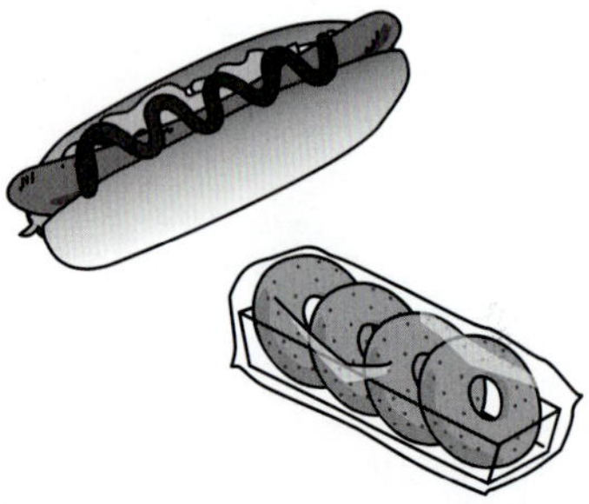

4

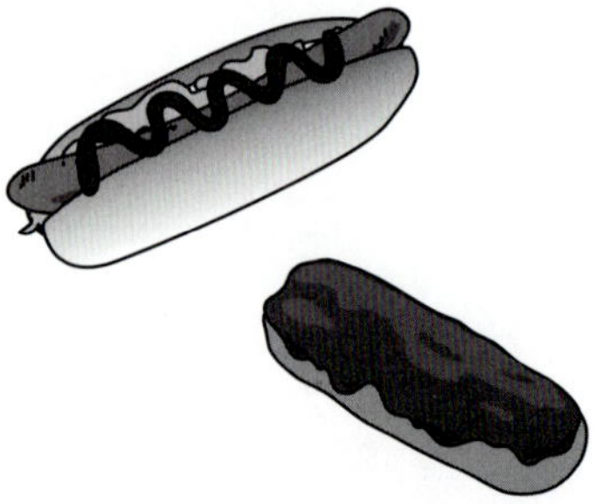

2ばん

1　デザインをかくにんする。

2　けいたい電話(でんわ)に電話(でんわ)する。

3　とりひき先(さき)にれんらくする。

4　うちあわせに行(い)く。

3ばん

1　かいひをはらう。

2　花(はな)を買(か)う。

3　そつぎょう生(せい)にお礼(れい)を言(い)う。

4　メッセージを書(か)く。

4ばん

1　11時(じ)15分(ふん)

2　11時(じ)45分(ふん)

3　12時(じ)15分(ふん)

4　12時(じ)45分(ふん)

5ばん

1 クッキー

2 おさけ

3 ジャム

4 チーズ

6ばん

1 つくえをかたづける。

2 ごみをすてる。

3 ポスターをはがす。

4 お茶(ちゃ)を冷(ひ)やしておく。

問題 2

10~17
1회

問題２では、まず質問を聞いてください。そのあと、問題用紙を見てください。読む時間があります。それから話を聞いて、問題用紙の１から４の中から、最もよいものを一つえらんでください。

れい

1　ぐあいが悪かったから
2　ねぼうしたから
3　セミナーに行きたくないから
4　お昼を食べていたから

1ばん

1 とりひき先に古いサンプルをわたした。

2 注文のかずをまちがえた。

3 かいぎの時間をまちがえてつたえた。

4 スピーチで人の名前をまちがえた。

2ばん

1 本館 301

2 本館 302

3 別館 501

4 別館 502

3ばん

1 おさけのしゅるいが少なかったから

2 へやがよくなかったから

3 料理がおいしくなかったから

4 ふんい気がよくなかったから

4ばん

1　知っている人が通っているから

2　知っている人のおくさんが先生だから

3　家から近くて、料金も安いから

4　中国の人にすすめられたから

5ばん

1　はれ

2　くもり

3　雨

4　ゆき

6ばん

1　へやが広いこと

2　やちんが安いこと

3　へやが南むきであること

4　駅から近いこと

問題3

19~23 1회

問題３では、問題用紙に何もいんさつされていません。この問題は、ぜんたいとしてどんなないようかを聞く問題です。話の前に質問はありません。まず話を聞いてください。それから、質問とせんたくしを聞いて、１から４の中から、最もよいものを一つえらんでください。

— メモ —

問題(もんだい) 4

24~29
1회

問題(もんだい)4では、 えを見(み)ながら質問(しつもん)を聞(き)いてください。やじるし（→）の人(ひと)は何(なん)と言(い)いますか。1から3の中(なか)から、最(もっと)もよいものを一(ひと)つえらんでください。

れい

1ばん

2ばん

3ばん

4ばん

問題(もんだい) 5

30~40
1회

問題(もんだい)５では、問題用紙(もんだいようし)に何(なに)もいんさつされていません。まず文(ぶん)を聞(き)いてください。それから、そのへんじを聞(き)いて、１から３の中(なか)から、最(もっと)もよいものを一(ひと)つえらんでください。

— メモ —

모의고사 제2회

N3

언어지식
(문자·어휘)

30
분

2分（1問10秒）

問題1 ＿＿＿のことばの読み方として最もよいものを、１・２・３・４から一つえらびなさい。

1 風邪（かぜ）を予防するために、よく手を洗（あら）っている。

1 ようぼう　2 ようほう　3 よほう　4 よぼう

2 彼（かれ）はこの試験の結果（けっか）に満足していない。

1 まんぞく　2 まんそく　3 まぞく　4 まそく

3 将来（しょうらい）は、貧しい人々を助（たす）ける仕事をしたい。

1 おとなしい　2 なつかしい　3 まずしい　4 はげしい

4 いつも通る道が渋（じゅう）滞していたので、違（ちが）う道を通ることにした。

1 しょ　2 たい　3 みん　4 よう

5 この会社の製品（せいひん）は高く評価されている。

1 へいが　2 へいか　3 ひょうが　4 ひょうか

6 男性（だんせい）と女性（じょせい）に分かれて座（すわ）ってください。

1 わかれて　2 かかれて　3 きかれて　4 おかれて

7 この自動車には最新（さいしん）の技術が使われている。

1 きじゅつ　2 きじつ　3 ぎじゅつ　4 ぎじつ

8 日本の首都は東京です。

1 しゅうと　2 しゅと　3 しゅうど　4 しゅど

2分（1問15秒）

問題2 ＿＿＿のことばを漢字で書くとき、最もよいものを、１・２・３・４から一つえらびなさい。

9 大学では政治学（せいじがく）をせんもんに勉強しました。

1 専聞　2 専間　3 専問　4 専門

10 かべに大きな絵（え）がかざってある。

1 置って　2 掛って　3 飾って　4 貼って

11 大事なしりょうを忘（わす）れてきてしまった。

1 原料　2 材料　3 送料　4 資料

12 この店の料理は味がうすい。

1 低い　2 薄い　3 弱い　4 浅い

13 給料（きゅうりょう）のいい仕事をさがしている。

1 探して　2 求して　3 職して　4 募して

14 このやり方で正しいのかふあんになった。

1 不案　2 不安　3 不暗　4 不合

5分（1問30秒）

問題3　（　　　）に入れるのに最もよいものを、１・２・３・４から一つえらびなさい。

15　今日はごはんを作る時間がないから、冷凍（れいとう）（　　　）を温（あたた）めて食べよう。

1　食欲（しょくよく）　　2　食品　　3　食料　　4　食事

16　あの人はいつも、（　　　）なデザインの服を着ている。

1　シンプル　　2　サンプル　　3　レンタル　　4　タイトル

17　来年、家族で海外旅行に行く計画を（　　　）いる。

1　立てて　　2　乗（の）って　　3　かけて　　4　上げて

18　妻（つま）は今、（　　　）に帰っている。

1　家庭（かてい）　　2　実家（じっか）　　3　家族　　4　親戚（しんせき）

19　父は３か月間、休まず働（はたら）いていたので、（　　　）病気になってしまった。

1　まあまあ　　2　そろそろ　　3　なかなか　　4　とうとう

20　妹は（　　　）性格（せいかく）で、あまり話さない。

1　ほそい　　2　おもしろい　　3　おとなしい　　4　おそい

21　（　　　）の点数（てんすう）で試験に合格（ごうかく）した。

1　ぎりぎり　　2　ばらばら　　3　わくわく　　4　どきどき

22　銀行に行ってお金を（　　　）来よう。

1　落（お）として　　2　おろして　　3　取（と）って　　4　付（つ）けて

23　都会（とかい）に住むと、いろいろと生活（せいかつ）（　　　）がかかる。

1　費（ひ）　　2　賃（ちん）　　3　代　　4　料

24　明日の朝が締切だから、今夜は（　　　）で仕事をしないと間に合わない。

1　平日（へいじつ）　　2　日中　　3　夜中　　4　徹夜（てつや）

25 あなたの本当の気持ちを（　　　）に話してほしい。

1 正解　　2 正式　　3 正確　　4 正直

3分（1問30秒）

問題4 ＿＿＿に意味が最も近いものを、１・２・３・４から一つえらびなさい。

26 道を間違えて、逆の方向に行ってしまった。

1 斜め　　2 手前　　3 先　　4 反対

27 このタイプの携帯電話は、今はもう生産されていない。

1 色　　2 大きさ　　3 型　　4 値段

28 子供が部屋から出て来ないので、のぞいてみた。

1 見て　　2 開けて　　3 呼んで　　4 聞いて

29 そんな乱暴な運転をしていると、いつか事故を起こすよ。

1 速い　　2 荒い　　3 下手な　　4 正しくない

30 大学卒業後どうするかは、じっくり考えてから決めたい。

1 ふかく　　2 ひとりで　　3 はやく　　4 いそいで

5分（1問60秒）

問題5　次のことばの使い方として最もよいものを、１・２・３・４から一つえらびなさい。

31　集団（しゅうだん）

1　試合（しあい）前のサッカー選手（せんしゅ）たちは、気持ちを集団（しゅうだん）させている。
2　前回（ぜんかい）と今回（こんかい）の資料（しりょう）を集団（しゅうだん）にしておきました。
3　狭（せま）い道で中学生たちが集団（しゅうだん）になって歩いているので通れない。
4　参加（さんか）者は午前10時に駅前に集団（しゅうだん）してください。

32　老（お）いる

1　この車はもう10年も乗（の）っているので、だいぶ老（お）いている。
2　昨日（きのう）飲んだ牛乳（ぎゅうにゅう）は老（お）いていたようで、お腹（なか）が痛（いた）くなった。
3　水をやらなかったので、花が老（お）いてしまった。
4　人間は老（お）いると病気になりやすい。

33　カット

1　パソコンはパーソナルコンピューターをカットした言い方だ。
2　時間がなくなってきたので、詳（くわ）しい説明（せつめい）はカットします。
3　夕方スーパーへ行ったら、お弁当（べんとう）の値段（ねだん）がカットされていた。
4　毎日走って、体重をカットした。

34　真剣（しんけん）

1　この説明書は真剣（しんけん）で、わかりやすい。
2　犯人（はんにん）が死んでしまったので、事件（じけん）の真剣（しんけん）はわからなくなった。
3　私は彼女（かのじょ）との結婚（けっこん）を真剣（しんけん）に考えている。
4　彼は絶対に遅刻（ちこく）しない真剣（しんけん）な学生です。

35　損（そん）をする

1　株（かぶ）の値段（ねだん）が下がって損（そん）をした。
2　この牛乳（ぎゅうにゅう）は先週買ったので、もう損（そん）をしているだろう。
3　試合（しあい）で損（そん）をしないように、毎日練習（れんしゅう）している。
4　時間が損（そん）をして、全部（ぜんぶ）の問題に答えられなかった。

모의고사 제2회

N3

언어지식
(문법)

독해

70
분

7分（1問30秒）

問題１　つぎの文の（　　　）に入れるのに最もよいものを、１・２・３・４から一つえらびなさい。

1　おすしは作れる（　　　）作れるんですが、形(かたち)が悪いんです。

1　ものの　　2　ものが　　3　ことは　　4　ことが

2　A「通訳(つうやく)が必要(ひつよう)だったら、鈴木(すずき)さんに頼(たの)めばいいんじゃないですか。」

B「どうかなあ。イギリスで生まれたから英語が話せる（　　　）よ。」

1　です　　2　ことがある　　3　とはかぎらない　　4　ほかない

3　A「うちの子、今、二人とも風邪(かぜ)を引いてるの。」

B「インフルエンザとか風邪(かぜ)は、若(わか)い人（　　　）かかりやすいっていうからね。」

1　ほど　　2　に限(かぎ)り　　3　ぐらい　　4　まで

4　消費者(しょうひしゃ)へのアンケートの結果(けっか)（　　　）、デザインを変(か)えることになった。

1　をもとに　　2　を通じて　　3　を除(のぞ)いて　　4　をこめて

5　アナウンサー「先生、今日はどんな料理を？」

講師(こうし)「はい。今日は冷蔵庫(れいぞうこ)に残(のこ)ったものを使って鍋料理(なべりょうり)を作ります。」

アナウンサー「それは忙(いそが)しい主婦(しゅふ)（　　　）ありがたいですね。」

1　に対(たい)して　　2　について　　3　において　　4　にとって

6　A「面接(めんせつ)の結果(けっか)はどうでしたか。」

B「彼女(かのじょ)は話す内容(ないよう)（　　　）、話し方や態度(たいど)もとてもよかったよ。もちろん、合格(ごうかく)だよ。」

1　からいって　　2　まで　　3　といえば　　4　だけでなく

7　A「家電製品(せいひん)って、どんどん進歩(しんぽ)するよね。特にテレビ」

B「そうだね。昔(むかし)の（　　　）すごく薄(うす)くなったし、画面(がめん)は大きくなったし。」

1　において　　2　として　　3　に比(くら)べて　　4　にしたがって

8 (会社で)

A「田中さん、ＡＢＣ工業の鈴木さんが受付にいらっしゃっています。」

B「わかりました。すぐ（　　　）と伝えてください。」

1　お越しになります　　2　いらっしゃいます　　3　おいでになります　　4　伺います

9 A「次の会議の報告者がまだ決まってないんだけど。」

B「じゃあ、私に（　　　）。」

1　報告するようにしてください　　2　報告させてください

3　ご報告になってください　　4　報告されてください

10 気温が下がる（　　　）紅葉が進み、山の表情が変わっていく。

1　としたら　　2　にしたがって　　3　としても　　4　に加えて

11 (インタビューで)

アナウンサー「オリンピック出場決定、おめでとうございます。」

選手「ありがとうございます。」

アナウンサー「今、どんなお気持ちですか。」

選手「最高にうれしいです。日本代表（　　　）恥ずかしくないように頑張ります。」

1　にとって　　2　としては　　3　として　　4　としたら

12 A「この仕事、単純でつまらないね。引き受けなければよかった。」

B「引き受けちゃったんだから、今さら（　　　）よ。」

1　文句を言ったほうがいい　　2　文句を言われているかもしれない

3　文句を言ってもしかたがない　　4　文句を言っているに違いない

13 (友達の家を訪問して)

A「ベルを鳴らしていないのに、どうして僕が来たことがわかったの？」

B「入り口に人が立ったら自動的にベルが（　　　）から。」

A「へー、それは便利だね。」

1　鳴るようになっている　　2　鳴るようだ

3　鳴るようになる　　4　鳴るようにする

5分（1問50秒）

問題2　つぎの文の ＿★＿ に入る最もよいものを、１・２・３・４から一つえらびなさい。

（問題例）

つくえの ＿＿＿ ＿＿＿ ＿★＿ ＿＿＿ あります。

1　が　　2　に　　3　上　　4　ペン

（解答のしかた）

１．正しい文はこうです。

つくえの ＿＿＿ ＿＿＿ ＿★＿ ＿＿＿ あります。
　３　上　２　に　４　ペン　１　が

２．＿★＿ に入る番号を解答用紙にマークします。

（解答用紙）

（例）	① ② ③ ●

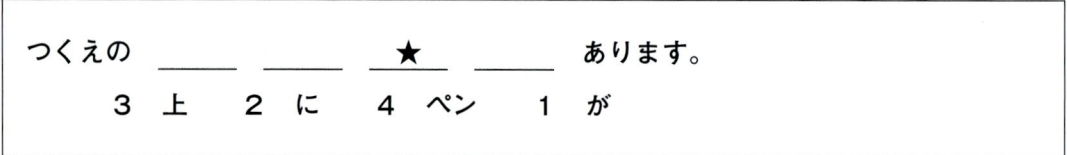

14 夏休みの ＿＿＿ ＿＿＿ ★ ＿＿＿ かなり違(ちが)うようだ。

1 は　2 日数(にっすう)や期間　3 によって　4 会社

15 説明(せつめい)が ＿＿＿ ＿＿＿ ★ ＿＿＿ しまった。

1 かえって　2 詳(くわ)しすぎて　3 なって　4 わかりにくく

16 推薦状(すいせんじょう)が ＿＿＿ ＿＿＿ ★ ＿＿＿ わけではない。

1 という　2 合格(ごうかく)する　3 必ずしも　4 あっても

17 彼の ＿＿＿ ＿＿＿ ★ ＿＿＿ にちがいない。

1 今日も　2 ことだ　3 遅刻(ちこく)する　4 から

18 結婚式(けっこんしき) ＿＿＿ ＿＿＿ ★ ＿＿＿ ことになった。

1 出席(しゅっせき)する　2 だけが　3 には　4 家族と親戚(しんせき)

問題３ 次の文章を読んで、文章全体の内容を考えて、［19］から［23］の中に入る最もよいものを、１・２・３・４から一つ選びなさい。

6分（1問70秒）

おひとり様

「一人旅」、「一人暮らし」、「一人住まい」の「一人」という言葉には何となく「寂しい」という響きが［19］。しかし、今、日本の社会は一人で行動する「おひとり様」が流行しているのだ。［20］、「おひとり様の海外ツアー」、「おひとり様のカラオケ」、「おひとり様の焼き肉」、「おひとり様の鍋」などである。これまで大勢でしてきたことが一人でもできるような社会になってきたのである。最近では、家族で楽しむおせち料理という［21］と異なる「おひとり様用おせち」もさまざまに商品化され、利用者も増えているようだ。

大家族から核家族へ変化した日本社会は、さらに核家族から個人へと変化しているようである。しかし、「おひとり様」には決して「一人＝寂しい」というイメージはなく、反対に「気楽な」というプラスのイメージがあるようで、正月の準備でにぎやかな年末の時期、［22］おせち料理を買う人たちの顔も明るい。「おひとり様」とは、自分から進んで「気楽さ」を求める人たちの［23］。

19

1 感(かん)じている　　2 感(かん)じさせられる

3 感(かん)じてよいものだ　　4 感(かん)じられる

20

1 たとえば　　2 つまり　　3 それから　　4 しかし

21

1 あれまでのイメージ　　2 このイメージ

3 これまでのイメージ　　4 あのイメージ

22

1 家族のための　　2 自分のための

3 友だちのための　　4 個人(こじん)のための

23

1 ことなのである　　2 ことのはずがない

3 ことといったものだ　　4 ことというわけではない

12分（1大問3分）

問題4 つぎの(1)から(4)の文章を読んで、質問に答えなさい。答えは、1・2・3・4から最もよいものを一つえらびなさい。

(1)

林さんの机の上に、先生からのメモが置いてある。

> 林さん
>
> つぎの会議は10月22日（木）の午後3時半からにしたいと思います。場所は前と同じ第3会議室です。1月のロバート先生の講演会（こうえん）の準備について話し合う予定なので、メンバーには必ず出席するように伝えてください。もし、どうしても出席できない場合は、19日（月）までにわたしに連絡するように伝えてください。別に指示（しじ）を出します。また、ほかに会議で話し合いたいことがあれば、同じく19日(月)まで受け付けます。
>
> 中村

24 林さんがほかのメンバーに伝えることはどれか。

1 1月の講演会の会場について考えておくこと
2 会議に出られない場合は、19日までに先生に知らせること
3 会議で何を話し合うか決めて、先生に知らせること
4 会議に出席する人も欠席する人も、先生に連絡をとって指示（しじ）を受けること

(2)

これは、太陽カメラの製品を買った人に届いたメールの文章である。

田中様

お客様センターの青木です。

いつも当社の製品をご利用いただき、ありがとうございます。

さて、お問い合わせの件についてお答えいたします。

通常(つうじょう)、ご購入(こうにゅう)から1年以内の故障については、保証(ほしょう)書をお持ちでしたら無料で修理を承っております。購入時(こうにゅうじ)のレシートで代わりとすることもあります。

今回はそのどちらも見つからないとのことですが、お使いのCA3は発売されてまだ半年の製品なので、ご購入から1年以内のあつかいとさせていただきます。

つきましては、保証の対象となりますので、当社修理(しゅうり)センターまで製品をお送りください。

よろしくお願い申し上げます。

太陽カメラ
青木

25 このメールの内容として、正しいものはどれか。

1 保証書かレシートがなければ、無料で修理はできない。

2 発売後1年以内なら、保証(ほしょう)書がなくても無料で修理ができる。

3 田中さんは、カメラを買った時のレシートだけは持っている。

4 レシートがあれば、新しい製品と交換することができる。

(3)

ジョギングをするとなんだか楽しくなる――そんな話を聞いたことがないだろうか。走ることで体は疲れるのに、気持ちはその逆だというのだ。ジョギングは、ただ健康にいいだけではない。走ることでテストステロンというホルモンが出て、気持ちが明るくなるのだそうだ。「走る時間があったら休みたい」という、忙しくてストレスがたまっているような人にこそおすすめだ。毎日とは言わない。まずは週に１日でも、少し時間を作って走ってみてはどうだろうか。

26 この文章について、正しいものはどれか。

1　ジョギングをすると楽しくなるが、その理由はわかっていない。
2　ジョギングは、精神面(せいしんめん)での効果も期待できる。
3　忙しい人は、ジョギングをすると、かえってストレスがたまってしまう。
4　ジョギングは、週に１日、２日でなく、毎日続けたほうがいい。

(4)

先日、ふと思ったことがある。紅葉で有名な庭園に行ったときのことだ。観光客の多さは桜の季節と同じくらいなのに、紅葉の下で食べたり飲んだりはしない。「見る」だけなのだ。一方、桜の場合、「花見」と言えば、仲間と食事やお酒を楽しむことまで指す。いや、むしろ、「見る」ことよりそっちのほうが重要だ。どうしてか。寒い冬から春へ移る気持ちよさや暖かさがあるのが、一番の理由だろう。また、日本の学校や職場の多くが、４月を新しい一年の始まりとしていることも関係しているのだろう。

27 この文章を書いた人が不思議に思ったのは、何についてか。

1 花見のときに、みんなでお酒を飲むこと
2 日本の学校や会社の多くが、４月に始まること
3 暖かくなると、人が活動的になること
4 紅葉を見るとき、普通は食べたり飲んだりしないこと

14分（1大問7分）

問題5 つぎの(1)と(2)の文章を読んで、質問に答えなさい。答えは、１・２・３・４から最もよいものを一つえらびなさい。

(1)

子どもの習い事として人気の高い「書道（しょどう）」ですが、これはただの「字を上手に書く練習」ではありません。

書道をやると、まず集中力（しゅうちゅうりょく）が身につきます。一度墨（すみ）（注1）で紙に書いてしまったら、えんぴつで書くときのように消しゴムで消すことはできません。そのため、書く前に心を落ち着かせ、字の形や筆（ふで）（注2）の動かし方を頭の中に思い浮かべます。<u>その書き方</u>①に沿って字を書くので、自然に紙や手に心が集中（しゅうちゅう）するのです。

それから、<u>道具をあつかう力</u>②が身につきます。筆（ふで）や墨（すみ）は、正しく持って上手に使わないと、服を汚したりします。子どもたちは、道具の正しいあつかい方には意味があると学ぶのです。また、自分の道具を自分で準備（じゅんび）したり片（かた）づけたりするのも大事な勉強です。

このように、書道によって、字が上手になるだけでなく、人生に必要な基礎（きそ）の力をつけることができます。子どもに書道を学んでほしいと考える親は、今後もいなくなることはないでしょう。

（注１）墨（すみ）：書道で使う黒いインク
（注２）筆（ふで）：墨をつけて字を書くための道具

28 ①その書き方とあるが、もっとも近いのはどれか。

1 えんぴつできれいに書けたときの書き方

2 自分の心の中でイメージした書き方

3 先生が見せてくれる正しい書き方

4 一度墨(すみ)で書いたときの書き方

29 ②道具をあつかう力とは、例えばどのようなことだと言っているか。

1 汚してしまった服は自分で洗う。

2 先生に借りた道具を大事に使う。

3 服を汚さないように気をつけて筆(ふで)を使う。

4 道具の使い方がわからないときは人に聞く。

30 この文章で一番言いたいことは何か。

1 書道は、字を書く機会が減っても、なくならないだろう。

2 書道は、本当は、家で親が子どもに教えるほうがいい。

3 書道は、集中力や道具を使う力がつく、すばらしい習い事だ。

4 書道は、学ぶことが多いので、大人にもぜひすすめたい。

(2)

家族であさひ湖にドライブに来た。近くに高原があり広々として気持ちがいいので、若いころからよく来ている。不思議なことに①、何度訪れても、その日の天気や気分によって毎回違う景色に出会うことができる。

初めてこの湖に来たのは、高校生の時のことだ。ある日、友だちが「バイク旅行に行こう」と言い出した。それで、休みの日に地図とおにぎりを持って、行き先も決めずに出発したのだ。バイクは通学でしか使ったことがなく、遠くに行くのは初めてだった。事故やトラブルが起きないだろうか、何か楽しいことが待っているに違いない、などと思いながら、どきどきした②のを覚えている。昼過ぎに着いたあさひ湖は、太陽の光を浴びてきらきらしていた。湖で写真を撮ったり、ほかの観光客と話したり、帰りに道に迷って知らないおばあさんに助けられたりと、私にとって新鮮な出来事の連続だった。

あさひ湖にはたくさんの思い出があるが、あの日の湖の輝きは一生忘れられないものだ。

31 ①不思議なことにとあるが、何が不思議だと言っているか。

1 何回来ても飽きないこと

2 いい場所なのに人が少ないこと

3 いつも風景が違って見えること

4 自分が来た時に天気がよく変わること

32 ②どきどきしたとあるが、なぜか。

1 湖までの道をきちんと調べておかなかったから

2 学校の規則で、生徒だけで旅行をしてはいけなかったから

3 いろいろな人と出会うのが楽しみだったから

4 初めてバイクで旅行することに不安や期待が大きかったから

33 筆者はこのバイク旅行についてどう言っているか。

1 天気もよく、いろいろな人に出会えて、とても楽しかった。

2 予想したとおり、トラブルがたくさんあって大変だった。

3 この旅行をきっかけに、自然のすばらしさがわかった。

4 家族旅行をすると、いつもこのバイク旅行のことを思い出す。

12分

問題6　つぎの文章を読んで、質問に答えなさい。答えは、1・2・3・4から最もよいものを一つえらびなさい。

マラソン大会、チーズまつり、手品（てじな）コンテスト…。住民による小さなイベントや趣味（しゅみ）のサークル活動が、町の名物と呼ばれるほど大きく広がることがある。大浜市にもこのような名物①がある。小学生親子バレーボール大会、「ひかりカップ」だ。今年は、県の内外から156チームが出場し、2日間で4000人もの人が同市をおとずれた。

この大会は、バレーボールの市民サークルが小学校のクラブと交流（こうりゅう）試合を行ったのが始まりだ。はじめは参加10チームの小さな大会だったが、この大会を広めることで町おこし②ができないかとサークルのメンバーたちは考えた。

商店街（しょうてんがい）に協力を呼びかけてもなかなかこたえてもらえず、(1)大会当日の昼はおべんとうを注文する、(2)県外からのチームは市内に泊まる、という参加ルールをつくることにした。その結果、多くの店や旅館が協力してくれるようになった。これは農家（のうか）にとってもいい宣伝になっている③。おべんとうにはすべて地元（じもと）(注)の食材を使うことになっているのだ。今では、大会中は町に人があふれ、まつりのようなにぎやかさだ。試合の帰りに市内を観光して帰る人も多い。町おこしは大成功（だいせいこう）だ。

「皆さんが楽しそうにプレーしていたのがいちばんうれしい。町の方々（かたがた）とボランティアの力を借りて、来年もよりよい大会にしたい」と会長の木村さん。サークルには、参加者からのお礼の手紙がたくさん届いているそうだ。試合結果と参加者の声はサークルのホームページで公開（こうかい）されている。

(注) 地元（じもと）：その人やそのことに直接関係のあるところ

34 ①このような名物とは、どのような名物か。

1 全国にも知られている有名なスポーツ大会
2 親子で参加するスポーツ大会
3 市民だけが参加できる特別なイベント
4 町の人々の活動から大きくなったイベント

35 ここで言う、②町おこしとはどのようなものか。

1 大会を行うことで、町をおとずれる人を増やす。
2 町のバレーボールチームを強いチームにする。
3 サークルと商店とで、町の新しいまつりを作る。
4 活動内容を増やしてサークルの名前を町に広める。

36 ③いい宣伝になっているとあるが、それはどうしてだと言っているか。

1 作った米や野菜を旅館の食事で使ってもらえるから。
2 多くの人に、自分の作ったものを食べてもらえるから。
3 おべんとうにめずらしい野菜などが使われているから。
4 大会の会場で地元(じもと)の農産物(のうさんぶつ)を売ることができるから。

37 会長の木村さんは、この大会についてどう言っているか。

1 大会を広く知ってもらうために、ホームページを作る予定だ。
2 町の人たちには、次の大会でもぜひ協力してほしい。
3 参加した人は、大会の感想を手紙に書いて送ってほしい。
4 どの試合もよかったので、勝(か)ち負(ま)けを決めたくなかった。

8分

問題7 右のページは、「レインボー旅行社　1月のバスツアー」の案内である。これを読んで、下の質問に答えなさい。答えは、1・2・3・4から最もよいものを一つえらびなさい。

38 ワンさんはこのツアーに参加するつもりだ。温泉のあるホテルに泊まり、2日目にスキー教室に参加したいと思っている。旅行会社に払う代金はいくらか。

1 15,000円
2 18,000円
3 20,000円
4 22,000円

39 原さんは友達の石川さんと、メールでこのツアーに申し込む。きたはらホテルに泊まり、スキー教室にも参加したいと思っている。申し込みの内容が正しいのはどれか。

1

ツアー名：夜行（やこう）バスで行く北原（きたはら）スキー場
出発日：1月11日
ホテル・旅館名：きたはらホテル
旅行者：原ゆう子（2名）
電話番号：099 － 3346 － 6679

2

ツアー名：夜行（やこう）バスで行く北原（きたはら）スキー場
出発日：1月11日
旅行者：原ゆう子（2名）
電話番号：099 － 3346 － 6679
その他：スキー教室に参加します

3

ツアー名：夜行（やこう）バスで行く北原（きたはら）スキー場
出発日：1月11日
ホテル・旅館名：きたはらホテル
旅行者：原ゆう子・石川みどり
電話番号：099 － 3346 － 6679

4

ツアー名：夜行（やこう）バスで行く北原（きたはら）スキー場
出発日：1月11日
旅行者：原ゆう子・石川みどり
電話番号：099 － 3346 － 6679
その他：スキー教室に参加します

1月・東京発 おすすめバスツアーのご案内

レインボー旅行社

ツアー名　夜行バスで行く北原スキー場

出発日：1月中の金曜日・土曜日（1月4・5・11・12・18・19・25・26日）

基本代金　：15,000円

〈基本代金にふくまれるもの〉

往復のバス・宿泊・リフト券・用具とウェアのレンタル

※食事代は基本代金にふくまれません。

〈スケジュール〉

1日目　22:00 東京発　→（車中泊）

2日目　6:00 北原スキー場着　→（フリータイム）　→（きたはらホテル泊）

3日目　（フリータイム）　→ 16:00 北原スキー場発　→ 22:00 東京着

※きたはらホテルには温泉はありません。ただし、北原温泉ホテルに変更することもできます。その場合は、基本代金といっしょに追加料金3000円をお支払いください。

※「初心者のためのスキー教室」に参加することができます。参加費（一日2000円）は、当日、スキー場でお支払いください。

■お申込み・お支払いについて■

・お電話、ＦＡＸ、Ｅメールで、ご出発の7日前までにお申し込みください。

・ＦＡＸ、Ｅメールでお申込みの場合、①ツアー名、②ご出発日、③お申込者のお名前と参加する人数、④お電話番号またはＥメールアドレス、⑤希望する宿泊先をお書きください。

・旅行代金は、ご出発の3日前までにお支払いください。クレジットカード、銀行、コンビニでのお支払いが可能です。

■ご注意■

・健康保険証をご持参ください。

모의고사 제2회

N3

청해

45분

問題 1

02~09
2회

問題１では、まず質問を聞いてください。それから話を聞いて、問題用紙の１から４の中から、最もよいものを一つえらんでください。

れい

1　きゃくをかいぎ室にあんないする。

2　しりょうをコピーする。

3　きゃくにお茶を出す。

4　かいぎ室のエアコンをつける。

1ばん

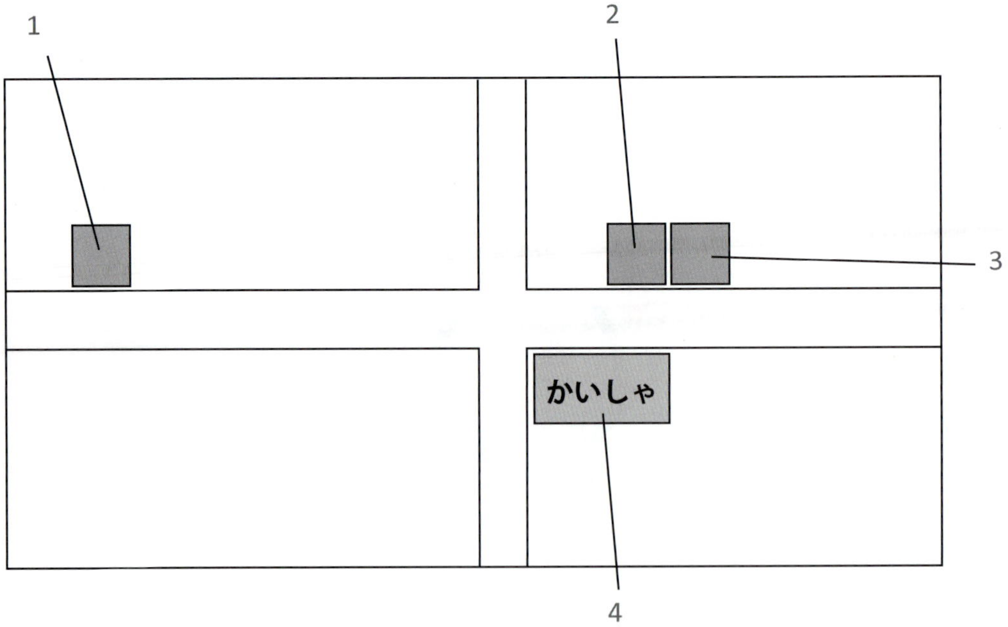

2ばん

1 駅

2 会社

3 レストラン

4 自分のうち

3ばん

1 よやくするへやをかえる。

2 よやくをキャンセルする。

3 つくえのならべ方をかえる。

4 パソコンを借りる。

4ばん

1 しゅくだいを終わらせる。

2 にわのそうじをする。

3 せんたく物を家の中に入れる。

4 はいしゃに行く。

5ばん

1

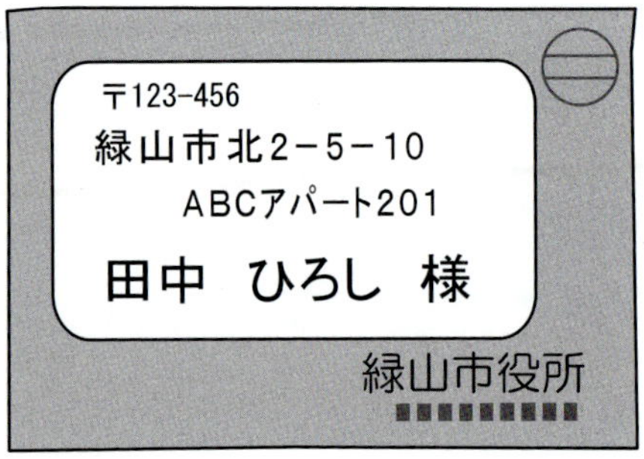

2

3

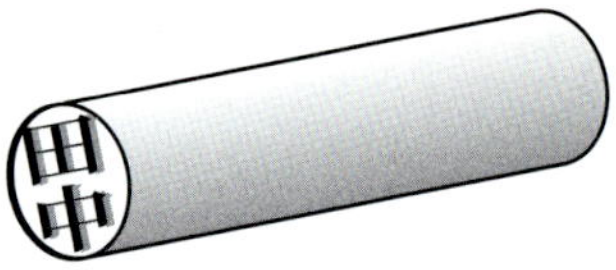

4

6ばん

1　コップを動(うご)かす。

2　テーブルを動(うご)かす。

3　にんずうをかくにんする。

4　会社(かいしゃ)にもどる。

問題(もんだい) 2

10~17
2회

問題(もんだい)2では、まず質問(しつもん)を聞(き)いてください。そのあと、問題用紙(もんだいようし)を見てください。読(よ)む時間(じかん)があります。それから話(はなし)を聞(き)いて、問題用紙(もんだいようし)の1から4の中(なか)から、最(もっと)もよいものを一(ひと)つえらんでください。

れい

1 ぐあいが悪(わる)かったから

2 ねぼうしたから

3 セミナーに行(い)きたくないから

4 お昼(ひる)を食(た)べていたから

1ばん

1 会社がいやになったから

2 とおくにひっこすから

3 しばらく休みたいから

4 ほかにやりたい仕事を見つけたから

2ばん

1 時間にきびしいこと

2 ゆっくり時間をすごすこと

3 待つとき、すぐにイライラすること

4 小さいことを気にしすぎること

3ばん

1 電気代が安くなること

2 はいたつがむりょうになること

3 今までと同じ大きさで、中がより広いこと

4 小さくて、どこにでも置けること

4ばん

1　学生(がくせい)だけで使(つか)うこと

2　マイクを使(つか)うこと

3　３時間(じかん)使(つか)うこと

4　これからすぐに使(つか)うこと

5ばん

1　アルバイトが終(お)わる時間(じかん)がおそいから

2　毎日(まいにち)、アルバイトをしているから

3　毎日(まいにち)、自転車(じてんしゃ)でアルバイトに行(い)くから

4　昨日(きのう)、歩(ある)いてアルバイトに行(い)ったから

6ばん

1　写真(しゃしん)がきれいにとれるから

2　話(はな)すだけでしらべてくれるから

3　特別(とくべつ)に安(やす)かったから

4　同(おな)じけいたい電話会社(でんわがいしゃ)のせいひんだから

問題３

19~23
2회

問題３では、問題用紙に何もいんさつされていません。この問題は、ぜんたいとしてどんなないようかを聞く問題です。話の前に質問はありません。まず話を聞いてください。それから、質問とせんたくしを聞いて、１から４の中から、最もよいものを一つえらんでください。

— メモ —

問題 4

24~29
2회

問題４では、えを見ながら質問を聞いてください。やじるし（→）の人は何と言いますか。1から３の中から、最もよいものを一つえらんでください。

れい

1ばん

2ばん

3ばん

4ばん

問題 5

30~40
2 회

問題5では、問題用紙に何もいんさつされていません。まず文を聞いてください。それから、そのへんじを聞いて、1から3の中から、最もよいものを一つえらんでください。

— メモ —

모의고사 제3회

N3

언어지식
(문자·어휘)

30
분

2分（1問10秒）

問題1 ＿＿＿のことばの読み方として最もよいものを、１・２・３・４から一つえらびなさい。

1 木村(きむら)さんは、旅行会社に<u>就職</u>が決(き)まったそうだ。

1 しゅしょく　2 しゅうしょく　3 じゅしょく　4 じゅうしょく

2 お皿(さら)を落(お)としてしまい、<u>床</u>にきずがついた。

1 まど　2 はしら　3 かべ　4 ゆか

3 ここで携帯(けいたい)電話の<u>充電</u>ができるそうだ。

1 じゅうでん　2 しゅうでん　3 じょうでん　4 しょうでん

4 家を買うためにお金を<u>貯金</u>している。

1 ちょかね　2 ちょうかね　3 ちょきん　4 ちょうきん

5 自動車の運転<u>免許</u>を持っていますか。

1 めんぎょう　2 めんぎょ　3 めんきょう　4 めんきょ

6 駅の前に<u>建設</u>中のビルは、来年１月に完成(かんせい)するそうだ。

1 けんせつ　2 けんちく　3 けんがく　4 けんとう

7 急に車が曲(ま)がってきて、<u>怖かった</u>。

1 きびしかった　2 つらかった　3 こわかった　4 くるしかった

8 今日は<u>体調</u>が悪いので、仕事を休ませてもらった。

1 たいちょ　2 たいちょう　3 たいじょ　4 たいじょう

2分（1問15秒）

問題2 ＿＿＿のことばを漢字で書くとき、最もよいものを、１・２・３・４から一つえらびなさい。

9 この店は水曜日がきゅうぎょう日だ。

1 休業　2 休行　3 休形　4 休料

10 子供（こども）たちには、元気にそだってほしい。

1 増って　2 成って　3 育って　4 伸って

11 家のむかいにコンビニができた。

1 反かい　2 逆かい　3 向かい　4 対かい

12 長い間飼（か）っていた犬が死んだので、かなしい。

1 悲しい　2 貧しい　3 忙しい　4 険しい

13 友達（ともだち）からめんどうなことを頼（たの）まれて困（こま）っている。

1 面道　2 面働　3 面同　4 面倒

14 操作（そうさ）を間違（まちが）えて、データがかんぜんに消（き）えてしまった。

1 完了　2 完成　3 完全　4 完然

5分（1問30秒）

問題3 （　　）に入れるのに最もよいものを、１・２・３・４から一つえらびなさい。

15 娘(むすめ)の（　　　）を聞いて、新しいパソコンを買ってやった。

1 疑い　　2 頼(たの)み　　3 喜(よろこ)び　　4 誘(さそ)い

16 パソコンの（　　　）に注意しなければならない。

1 ビジネス　　2 オフィス　　3 ウイルス　　4 ボーナス

17 明日から会社まで自転車で（　　　）ことにした。

1 通う　　2 勤(つと)める　　3 働く　　4 訪ねる

18 この漢字は間違(まちが)っているから、（　　　）してください。

1 修理(しゅうり)　　2 修正(しゅうせい)　　3 変更(へんこう)　　4 変化(へんか)

19 新しい仕事を始めて半年が経(た)ち、（　　　）慣(な)れてきた。

1 たまに　　2 たいてい　　3 まれに　　4 だいぶ

20 この野菜(やさい)はにおいが（　　　）ので、苦手(にがて)な人も多い。

1 いたい　　2 くさい　　3 からい　　4 かゆい

21 電車の中で携帯(けいたい)電話で話している人に注意したら（　　　）された。

1 むっと　　2 さっと　　3 ほっと　　4 さっさと

22 姉が忙(いそが)しいときは、私がめいの面倒(めんどう)を（　　　）いる。

1 持って　　2 やって　　3 見て　　4 して

23 （　　　）責任(せきにん)なことをして、周囲(しゅうい)に迷惑(めいわく)をかけてしまった。

1 不　　2 無(む)　　3 非(ひ)　　4 未(み)

24 この映画の（　　　）を書いて送ると、プレゼントが当(あ)たるらしい。

1 感謝(かんしゃ)　　2 感情(かんじょう)　　3 感想(かんそう)　　4 感心

25 私が何を飲むか、（　　　）に決(き)めないでほしい。

1 勝手(かって)　　2 上手　　3 下手　　4 相手(あいて)

問題4 　＿＿＿に意味が最も近いものを、１・２・３・４から一つえらびなさい。

3分（1問30秒）

26 来週の試験までに、この本の内容(ないよう)を全部(ぜんぶ)<u>暗記(あんき)</u>しなければならない。

1 写(うつ)す　　2 読む　　3 覚(おぼ)える　　4 書く

27 頼(たの)んだ料理が少なかったので、もう一皿(ひとさら)<u>プラス</u>することにした。

1 かす　　2 たす　　3 だす　　4 おす

28 のどが痛(いた)いので、病院で<u>診察(しんさつ)して</u>もらった。

1 やって　　2 おいて　　3 みて　　4 きいて

29 記憶(きおく)が<u>あいまい</u>で、本当にそう言ったのか、自信がない。

1 はっきりしない　　2 つまらない　　3 かるい　　4 ちいさい

30 あの人との結婚(けっこん)は、<u>考え直した</u>ほうがいいよ。

1 進(すす)めた　　2 やめた　　3 続(つづ)けた　　4 決(き)めた

5分（1問60秒）

問題5　次のことばの使い方として最もよいものを、1・2・3・4から一つえらびなさい。

31 整理

1　机が曲がっているので、まっすぐに整理してください。

2　このクッキーは、形を四角く整理して作ります。

3　寝坊して、朝、髪を整理する時間がなかった。

4　写真のデータを一年ごとに整理した。

32 行う

1　毎日８時半までに、会社に行わなければならない。

2　明日、卒業式が行われる。

3　来週、東京へ出張に行う予定だ。

4　久しぶりに友人を訪ねて行おうと思っている。

33 アクセス

1　近くを通ったので、友達の家にアクセスした。

2　小さなことでも、上司にアクセスしたほうがいい。

3　時間が決まったら、メールでアクセスしてください。

4　詳しい情報は、下記の URL にアクセスしてご覧ください。

34 不満

1　売り切れと聞いて、彼女は不満そうな顔をした。

2　一人不満だと、サッカーの試合ができない。

3　まだ席が不満なら、レストランの予約ができる。

4　駐車場が不満だったので、止めることができた。

35 避ける

1　誰も座っていなかったので、窓側の席に避けた。

2　電車の中で、お年寄りに席を避けた。

3　この最新の自動車には、衝突を避ける機能が付いている。

4　せまい歩道などで自転車同士が避けるのは、とても危ない。

모의고사 제3회

N3

언어지식
(문법)

독해

70
분

7分（1問30秒）

問題1 つぎの文の（　　）に入れるのに最もよいものを、１・２・３・４から一つえらびなさい。

1 そのアルバイトは、毎年、大学の学生課（　　）募集されます。

1 を通り　2 を通って　3 に通って　4 を通じて

2 インタビューといっても、1分ほどの短いもの（　　）そうだ。

1 ぐらいだ　2 を通じて　3 にすぎない　4 にとって

3 （就職の説明会）

A「ずいぶん簡単な説明だなあ。」

B「もっと仕事の内容を詳しく説明する（　　）よ。」

1 よりほかない　2 べきだ　3 わけではない　4 ことになっている

4 （不動産屋で）

A「このマンション、ペットは飼えますか。」

B「犬や猫（　　）は10キロ以下なら問題ありません。」

1 に関して　2 に反して　3 によれば　4 によって

5 A「駅前の病院はどう？」

B「患者（　　）とても親切だって評判だよ。」

1 にとって　2 と違って　3 と言って　4 に対して

6 A「バス停に人がいないね。」

B「今、（　　）ね。あと10分は来ないよ。」

1 出てからだ　2 出たとたんだ

3 出てはじめてだ　4 出たばかりだ

7 A「今度の国際会議は何日間行われるんですか。」

B「10日（　　）行われるそうです。」

1 にわたって　2 あいだ　3 うちに　4 際に

8 (電話で)

A「先生のご都合のよいときに研究室に（　　　）のですが…。」

B「来週の月曜日なら時間があります。何時ごろがいいですか。」

1 存(ぞん)じあげたい　　2 お目にかかりたい

3 うかがいたい　　4 さしあげたい

9 (会社で)

A「今日はもう帰るんだね。そのほうがいいよ。」

B「うん。部長(ぶちょう)の前で咳(せき)が止まらなくなっちゃって…。すぐに（　　　）って言われたよ。」

1 帰ります　　2 帰りましょう　　3 帰らせる　　4 帰れ

10 このカードは部屋に入る（　　　）必要(ひつよう)ですから、なくさないでください。

1 次第(しだい)に　　2 通りに　　3 際(さい)に　　4 最中(さいちゅう)に

11 A「昨日(きのう)、彼の誕生日(たんじょうび)だったんだけど、忘れてしまって…。どうしよう。」

B「謝(あやま)る（　　　）ね。」

1 みたいだ　　2 ことになっている

3 しかない　　4 おそれがある

12 A「どうして昨日(きのう)来なかったの？」

B「行く（　　　）んだけど、具合(ぐあい)が悪くなっちゃって…。」

1 ことはなかった　　2 つもりだった　　3 にちがいなかった　　4 わけがなかった

13 (夫婦(ふうふ)の会話)

夫「太郎(たろう)、寝ている時も時計をつけてるよ。」

妻「買ってあげてよかったね。」

夫「きっと、（　　　）。」

1 うれしいはずがないんだな

2 うれしいおそれがあるんだな

3 うれしくてしょうがないんだな

4 うれしくてもしょうがないんだな

5分（1問50秒）

問題2　つぎの文の＿★＿に入る最もよいものを、１・２・３・４から一つえらびなさい。

（問題例）

つくえの ＿＿＿ ＿＿＿ ＿★＿ ＿＿＿ あります。

1　が　　2　に　　3　上　　4　ペン

（解答のしかた）

１．正しい文はこうです。

つくえの ＿＿＿ ＿＿＿ ＿★＿ ＿＿＿ あります。

３ 上　２ に　４ ペン　１ が

２．＿★＿に入る番号を解答用紙にマークします。

（解答用紙）

（例）	① ② ③ ●

14 このゲーム ＿＿＿ ＿＿＿ ＿★＿ ＿＿＿ と思います。

1 ほど　　2 遊び(あそ)は　　3 おもしろい　　4 ない

15 引っ越(こ)しの日を ＿＿＿ ＿＿＿ ＿★＿ ＿＿＿ のに。

1 行った　　2 言って　　3 手伝(てつだ)いに　　4 くれれば

16 お金を ＿＿＿ ＿＿＿ ＿★＿ ＿＿＿ くれないそうだ。

1 品物を　　2 払(はら)って　　3 からでないと　　4 送って

17 この窓(まど)、＿＿＿ ＿＿＿ ＿★＿ ＿＿＿ ならない。

1 きれいに　　2 ちっとも　　3 ふいても　　4 いくら

18 この辺りは、景色(けしき)が美(うつく)しい ＿＿＿ ＿＿＿ ＿★＿ ＿＿＿ 有名だ。

1 ことでも　　2 見られる

3 だけでなく　　4 多くの野生動物が

6分（1問70秒）

問題３ 次の文章を読んで、文章全体の内容を考えて、［19］から［23］の中に入る最もよいものを、１・２・３・４から一つ選びなさい。

レコードとCD

30年ほど前の日本語の初級教科書では、生活で使われる［19］、カメラ、ステレオ、レコード、テレビ、ラジオ、冷蔵庫などの言葉がよく取り上げられていた。この6つのうち、今日の生活からほとんど消えてしまったものがある。［20］レコードである。

レコードを聞くには針が必要で、いい針だといい音で聴けるといわれていたので、高かったがいい針を買った記憶がある。レコードは直径が30センチもあるため、置く場所が必要で、部屋の一部がレコードに取られてしまった。［21］、レコードには表と裏があり、表をA面、裏をB面と呼び、反対の面を聞く時にはひっくり返さなければならなかった。

今、日本語の教科書に「レコード」という言葉はない。1994年に出版された日本語の初級教科書には、［22］「ＣＤ」という言葉が入っている。

ＣＤを初めて見た人が、「A面とB面はないのかい」と聞くと、聞かれた人が「はい、ＣＤですから」と答える笑い話がある。小さくて軽い、場所をとらないＣＤは、狭い部屋で生活する私にとっては［23］。

19

1 物であって　　2 物として

3 物のように　　4 物に対して

20

1 それは　　2 あれは　　3 その　　4 あの

21

1 また　　2だから　　3 それで　　4 つまり

22

1 レコードだけでなく　　2 レコードのかわりに

3 レコードといっしょに　　4 レコードとは言わないで

23

1 大変ありがたい　　2 ありがたいわけがない

3 気持ちをこめている　　4 気持ちがこもった

12分（1大問3分）

問題4　つぎの(1)から(4)の文章を読んで、質問に答えなさい。答えは、１・２・３・４から最もよいものを一つえらびなさい。

(1)

これは、市の新聞にのっていたお知らせである。

ベッドを譲りします

２月に引っ越しを予定しているため、今使っているベッドを安くお譲(ゆず)り(注)したいと思います。５万円で買った木のベッドで、使用期間は２年です。状態に特に問題はありませんが、新品と同じようなものをご希望の方には満足していただけないかもしれません。

また、私のアパートまで取りに来ていただける方にお譲(ゆず)りしたいと思います。ベッドのほかに、冷蔵庫、テレビ、テーブルなどもあります。詳しくは田中（090-1234-5678）までご連絡ください。

（注）譲(ゆず)る：自分の持ち物を誰かにあげたり、ほしい人に売ったりする

24　この文章からわかることは何か。

1　ベッドを普通より安く買うことができる。
2　２年間、ベッドを借りることができる。
3　ベッドの配達を無料にしてもらえる。
4　ベッド以外のものも、もらうことができる。

(2)

これは、田中さんが、スーツケースを借りた相手に送ったメールである。

> 川島様
>
> 先日はスーツケースをお貸しいただき、ありがとうございました。おかげで旅行中、不便なく過ごすことができました。
> しかし、帰りの空港でスーツケースに少し傷をつけてしまいました。大変申し訳ありません。川島さんにとってとても大切なものだと思います。せめて同じものを買ってお返ししようと探したのですが、なかなか見つかりません。また、新しいものでお返しするのがいいのか、まず、お伺いしなければなりません。
> 近いうちにスーツケースを持ってうかがいたいと思いますので、ご都合をお知らせいただけないでしょうか。
>
> 田中

25 田中さんは、川島さんから返事をもらったあと、何をするつもりか。

1 スーツケースを貸しに行く。

2 スーツケースを買って返す。

3 どうすればいいか、ちょくせつ聞きに行く。

4 旅行のおみやげを持っていく。

(3)

先日、公園で10歳くらいの女の子が、携帯電話で話しているのを見た。相手はどうやら学校の友達で、特に用事があるわけでもなく、なんとなくおしゃべりをしているようだった。親から見れば、子どもに携帯を持たせることで少しは安心できるのかもしれない。特に共働きの夫婦はそうだろう。しかし、こんなに幼いころから大人と同じ携帯を持つ必要があるのだろうか。携帯をきっかけに、子どもが犯罪にあうケースも増えている。携帯を持つことで子どもの世界にどんな変化が起きているのか、親は常に注意をしておかなければならない。

26 親が子どもに携帯電話を持たせる場合、何が大事だと考えているか。

1 子どもが一人でインターネットのサービスを利用しないこと

2 携帯電話が子どもにどんな影響を与えているか、親がいつも関心を持つこと

3 大人が使う携帯電話よりも機能を少なくすること

4 親が二人とも働いているときに、子どもが友達と連絡をとれるようにすること

(4)

東山市は４月から公共タクシーのサービスを始めた。いくつかの地域で、高齢者(こうれいしゃ)や運転免許を持たない人が多くいるにもかかわらず、利用できるバスがなく、以前から移動の不便が問題になっていたからだ。買い物や病院の受診などに出かけるとき、受付センターに電話すると、タクシーが自宅まで迎えに来て、希望する場所まで送ってくれる。登録(とうろく)さえしておけば、同市内のどこでも利用でき、どれだけ乗っても１回300円という便利さと安さが人気だ。今月から市のホームページからも予約できるようになったので、さらに便利になる。

27 このタクシーを利用するのに**関係のない**ものはどれか。

1　受付センターに電話をすること
2　インターネットで予約をすること
3　利用者登録(とうろく)をすること
4　タクシー会社に連絡すること

14分（1大問7分）

問題5　つぎの(1)と(2)の文章を読んで、質問に答えなさい。答えは、１・２・３・４から最もよいものを一つえらびなさい。

(1)

現在、「朝読（あさどく）」が多くの小中高校で行われている。「朝読（あさどく）」とは朝の読書運動のことで、授業前の10分間、先生と生徒たちが自分の好きな本を読み、それから授業を始めるものである。1988年に千葉（ちば）県の高校で始まったのが最初だ。今は、読書の習慣をつけたり、読む力をつけたりするためにすることが多いが、もともとは、遅刻や欠席が多かったので、生徒たちが落ち着いて一日を始められるようにと、考えられたそうだ。

「朝読（あさどく）」では、生徒たちは４つのルールを守るように指示（しじ）される。「毎日やる」「みんなでやる」「好きな本でよい」「ただ読むだけ」である。

この「朝読（あさどく）」にはいろいろな効果がある。本を読むスピードが上がること、本が読めない子が読めるようになること、などだ。それだけでなく、生徒の態度や心の状態にもいい変化が見られるようだ。遅刻が減って授業にスムーズに入れるようになったこと、生徒が急に怒り出したり教室を出ていったりすることが減っていること、などが報告されている。

28 「朝読（あさどく）」は、最初、何を目的に始められたか。

1 生徒たちが、本を読む楽しさを知ること

2 生徒たちが、落ち着いた気持ちで授業に入ること

3 生徒たちが、たくさん本を読むようになること

4 生徒たちが、難しい本が読める力をつけること

29 「いろいろな効果」とあるが、それに**当てはまらない**ものはどれか。

1 本を速く読めるようになったこと

2 文章を理解する力がつくようになったこと

3 生徒同士であまりけんかをしなくなったこと

4 授業に遅れてくる生徒が少なくなったこと

30 「朝読（あさどく）」について、本文の内容に合うものはどれか。

1 やりたくない生徒には、無理にやらせなくてもよい。

2 生徒は、先生から読みたい本を読むように指示（しじ）される。

3 読み書きの力を高めるための国の計画が成功した例である。

4 生徒は、授業の前に本を読んだ感想を話すと落ち着く。

(2)

学生の皆さんへ

最近、西富士市で自転車の盗難(注１)事件が増えていると警察から連絡がありました。鍵をこわされて盗まれることもあるそうですが、被害にあった多くの自転車が鍵をかけていなかったそうです。盗まれないよう、自分のアパートにとめるときでも、買い物などで少しの間だけとめるときでも、必ず鍵をかけるようにしてください（自転車に鍵を２つつけるのも、効果的なようです）。

大学の中でも盗難事件が起きています。多いのは、図書館や教室で、物を置いたまま、そこから離れたり、忘れてしまったりするケースです。また、体育の授業のときに更衣室(注２)で財布を盗まれるケースもあります。短時間でも、かばんや財布などを置いたまま、トイレなどに行かないようにし、教室を出るときは、忘れ物をしていないか、確認するようにしてください。また、体育の授業のときは、大事なものは先生などに預けるようにしてください。

もし盗難にあったら、すぐに学生課と警察に連絡してください。

（注１）盗難：物を盗まれること
（注２）更衣室：服を着替える部屋

31 自転車が盗まれる一番の原因は何か。

1 自転車の鍵がこわれていたから

2 自転車の鍵をこわされたから

3 自転車の鍵をかけていなかったから

4 自転車の鍵を１つしかつけていなかったから

32 そことあるが、何のことか。

1 図書館や教室

2 物

3 物を置いた場所

4 物を置いたこと

33 盗難を防いだり、被害を小さくしたりするために、大学が学生に注意を呼びかけている。それに**当てはまらない**のはどれか。

1 体育の授業のときに、大事な物を先生に預けること

2 盗難にあったら、すぐに大学や警察に知らせること

3 盗まれて困るような物は大学に持ってこないこと

4 教室を出るときに、携帯電話などを忘れていないか、確認すること

12分

問題6 つぎの文章を読んで、質問に答えなさい。答えは、1・2・3・4から最もよいものを一つえらびなさい。

日本ではどの町に行ってもコンビニがある。日々必要な食べ物や飲み物、雑誌などを売っているだけでなく、いろいろなサービスもある。例えば、ATMでお金をおろしたり、電気代やガス代などの公共料金を支払ったりすることができる。物を送ることもできるし、写真をプリントすることもできる。電話で注文して、料理を配達してもらうこともできるそうだ。コンビニは、今や日本人の生活にはなくてはならないものになっていると言えるだろう。

コンビニには、一人暮らしの若者、子どもと離(はな)れて暮らす老人、家事で忙しい主婦、塾帰りの子どもなど、あらゆる人が訪れる。これほど人々に広く利用されているのは、コンビニがそれだけ便利だからだろう。しかし、①その理由は便利さだけだろうか。

コンビニの経営について、ある店長に話を聞いてみた。すると、②こんな答えが返ってきた。「一番大切にしているのは、お客さんのことをよく考えて行動することです。例えば、小さい子どもが母親と買い物に来て、20円のチョコレートを買ったときは、ほかの品物とは別に小さい袋に入れてあげるとか、赤ちゃんを抱いている母親が買い物をしたら、車まで荷物を持って行ってあげるとか。」。小さいことだが、スタッフの優しさを感じさせる話だ。

「気持ちのいい店だな。」「また来よう。」──客にそう思わせるのは、客のことを考えている気持ちが自然に伝わるからだろう。

34 この文章では、コンビニでは何ができると言っているか。

1 口座(こうざ)を開くこと

2 本を借りること

3 写真を撮影すること

4 料理を届けてもらうこと

35 ①その理由とあるが、何の理由か。

1 どの町にもコンビニがある理由

2 子供からお年寄りまでがコンビニを使う理由

3 コンビニが、生活に欠かせないものになった理由

4 コンビニがいろいろなサービスをしている理由

36 ②こんな答えとあるが、どんな内容か。

1 客のことを第一に考えて行動することが大切だ。

2 言われたことをするだけでなく、自分で考えて行動することが大切だ。

3 ものを売る以外の新しいサービスを生み出すことが大切だ。

4 子どもや赤ちゃんのいる母親には特に優しくすることが大切だ。

37 この文章で一番言いたいことは何か。

1 コンビニはとても便利なので、いろいろな人に利用されている。

2 コンビニでは、これからもいろいろなサービスが増えていくだろう。

3 コンビニは、便利さだけでなく、気持ちよく利用できることも大切なようだ。

4 コンビニで成功(せいこう)するには、客に繰り返し利用してもらう努力が必要だ。

8分

問題7　右のページは緑山市のスポーツ施設の案内である。これを読んで、下の質問に答えなさい。答えは１・２・３・４から最もよいものを一つえらびなさい。

38　緑山市に住むキムさんは、友達とテニスをしようと思い、市の施設を利用することにした。テニスコートの予約方法として正しいものはどれか。

1　インターネットで利用者登録をしたあと、受付窓口でコートの予約と支払いをする。

2　インターネットで利用者登録とコートの予約をしたあと、受付窓口で支払いをする。

3　受付窓口で利用者登録をしたあと、インターネットでコートを予約、後日、受付窓口で支払いをする。

4　受付窓口で利用者登録とコートの予約をして、後日、インターネットで支払いをする。

39　リーさんは、日曜日の午後、友達とバスケットボールをすることにした。体育館を２時間予約して料金を支払ったが、３時間に変更したいと思っている。リーさんは料金をあといくら払わなければならないか。

1　350円

2　400円

3　1050円

4　1200円

スポーツ施設の利用について

緑山市のスポーツ施設（体育館、テニスコート）をご利用になる場合、予約する前に、まず利用者登録をしていただきます。体育館の受付で、直接、手続きを行ってください。登録が終わったら、利用者登録カードをお渡しします。

利用できるのは、緑山市内に住んでいる方、または、緑山市内の会社や大学などに通っている方です。

予約方法

ご利用を希望する日の１か月前からお申し込みができます。

(1)体育館の受付で行う場合（受付時間　8:30 ～ 18:00）

受付に来ていただき、希望する日に体育館やテニスコートが利用できるかどうかを確認した後、予約していただきます。このとき、利用者登録カードが必要です。その場で利用料金をお支払いください。

(2)インターネットで行う場合（受付時間　8:30 ～ 22:00）

緑山市のホームページからお申し込みいただきます。

利用する日の７日前までに、受付窓口で利用料金をお支払いください。このとき、利用者登録カードが必要です。

利用料金

	体育館	テニスコート
１時間（月～金）	350 円	250 円
１時間（土日祝）	400 円	300 円

予約の変更・取り消し

ご予約の変更や取り消しをされる場合、予約した日の３日前までに受付窓口にお申し出ください。なお、お手続きは、インターネットからもできます。予約の変更をして料金が変更になった場合、窓口で不足分をお支払いください（または、多く払い過ぎた分をお受け取りください）。

모의고사 제3회

N3

청해

45
분

問題 1

02~09
3 회

問題１では、まず質問を聞いてください。それから話を聞いて、問題用紙の１から４の中から、最もよいものを一つえらんでください。

れい

1　きゃくをかいぎ室にあんないする
2　しりょうをコピーする
3　きゃくにお茶を出す
4　かいぎ室のエアコンをつける

1ばん

1

2

3

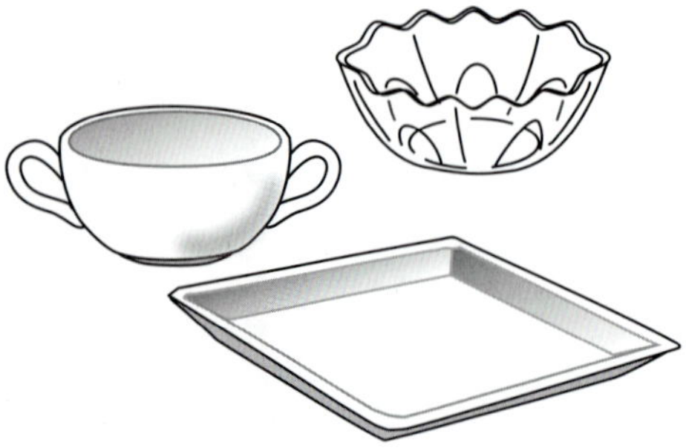

4

2ばん

1　1時まで

2　2時まで

3　2時15分前まで

4　1時15分前まで

3ばん

1　かちょうにチェックしてもらう

2　田中さんにチェックしてもらう

3　もう一度スケジュールを立てる

4　ほかの会社のせいひんとのちがいを書く

4ばん

1　しかいをする

2　うけつけをする

3　しかいを人にたのむ

4　うけつけを人にたのむ

5ばん

1 着物

2 白いドレス

3 黒いドレス

4 花がらのドレス

6ばん

1 日にちをかえる

2 時間をかえる

3 同時にへやを２つ借りる

4 とちゅうでへやをかえる

問題(もんだい) 2

10~17
3 회

問題(もんだい)２では、まず質問(しつもん)を聞(き)いてください。そのあと、問題用紙(もんだいようし)を見てください。読(よ)む時間(じかん)があります。それから話(はなし)を聞(き)いて、問題用紙(もんだいようし)の１から４の中(なか)から、最(もっと)もよいものを一(ひと)つえらんでください。

れい

1 ぐあいが悪(わる)かったから
2 ねぼうしたから
3 セミナーに行(い)きたくないから
4 お昼(ひる)を食(た)べていたから

1ばん

1 一人(ひとり)ぐらしをしたいから

2 りゅうがくをしたいから

3 買(か)いたいものがあるから

4 家族(かぞく)のやくに立(た)ちたいから

2ばん

1 教(おし)えるのがすきだから

2 いい先生(せんせい)と出会(であ)ったから

3 自分(じぶん)でいろいろくふうできるから

4 そうだんできる先生(せんせい)がいなかったから

3ばん

1 大家(おおや)さんがやさしいこと

2 日本語(にほんご)がうまくなっていること

3 アルバイトが見(み)つかったこと

4 日本人(にほんじん)の友(とも)だちができたこと

4ばん

1　5日(月)～7日(水)

2　9日(金)～11日(日)

3　19日(月)～21日(水)

4　23日(水)～25日(金)

5ばん

1　仕事がたいへんだから

2　やりたい仕事ができないから

3　大きな仕事をさせてもらえないから

4　しかたなく入った会社だったから

6ばん

1　勉強をするため

2　読書をするため

3　おべんとうを作るため

4　ジョギングをするため

問題(もんだい) 3

19~23
3 회

問題(もんだい)3では、問題用紙(もんだいようし)に何(なに)もいんさつされていません。この問題(もんだい)は、ぜんたいとしてどんなないようかを聞(き)く問題(もんだい)です。話(はなし)の前(まえ)に質問(しつもん)はありません。まず話(はなし)を聞(き)いてください。それから、質問(しつもん)とせんたくしを聞(き)いて、１から４の中(なか)から、最(もっと)もよいものを一(ひと)つえらんでください。

— メモ —

問題(もんだい) 4

24~29
3 회

問題(もんだい)4では、 えを見(み)ながら質問(しつもん)を聞(き)いてください。やじるし（→）の人(ひと)は何(なん)と言(い)いますか。1から3の中(なか)から、最(もっと)もよいものを一(ひと)つえらんでください。

れい

1ばん

2ばん

3ばん

4ばん

問題（もんだい）5

30~40
3 회

問題（もんだい）５では、問題用紙（もんだいようし）に何（なに）もいんさつされていません。まず文（ぶん）を聞（き）いてください。それから、そのへんじを聞（き）いて、１から３の中（なか）から、最（もっと）もよいものを一（ひと）つえらんでください。

— メモ —

모의시험 채점표

배점은 이 모의시험에서 설정한 것입니다. 실제 시험에는 공표되어있지 않지만, 각 과목의 합계득점이 표시되어 있어(60점) 그것을 바탕으로 하였습니다. 「기준점* 목표」와 「합격점 목표」도 각각 실제 점수(19점, 95점)를 참고로 설정하였습니다.

★ 합격 가능성을 높히기 위해 100점 이상을 목표로 합시다.

★ 기준점에 도달하지 못한 과목이 있으면 중점적으로 복습합시다.

언어지식 (문자・어휘・문법)

문항	배점	만점	제 1 회		제 2 회		제 3회	
			정답 수	득점	정답 수	득점	정답 수	득점
언어지식 (문자・어휘)								
問題(もんだい) 1	1点(てん)×8問(もん)	8						
問題(もんだい) 2	1点(てん)×6問(もん)	6						
問題(もんだい) 3	1点(てん)×11問(もん)	11						
問題(もんだい) 4	1点(てん)×5問(もん)	5						
問題(もんだい) 5	1点(てん)×5問(もん)	5						
언어지식 (문법)								
問題(もんだい) 1	1点(てん)×13問(もん)	13						
問題(もんだい) 2	1点(てん)×5問(もん)	5						
問題(もんだい) 3	1点(てん)×5問(もん)	5						
합계		58						
(기준점 목표)				(19)		(19)		(19)

※기준점 : 득점이 이 점수에 도달하지 못할 경우, 총 득점에 관계 없이 불합격 된다.

독해

문항	배점	만점	제 1 회		제 2 회		제 3회	
			정답 수	득점	정답 수	득점	정답 수	득점
問題(もんだい) 4	3点(てん)×4問(もん)	12						
問題(もんだい) 5	4点(てん)×6問(もん)	24						
問題(もんだい) 6	4点(てん)×4問(もん)	16						
問題(もんだい) 7	4点(てん)×2問(もん)	8						
합계		60						
(기준점 목표)				(19)		(19)		(19)

청해

문항	배점	만점	제 1 회		제 2 회		제 3회	
			정답 수	득점	정답 수	득점	정답 수	득점
問題(もんだい) 1	3点(てん)×6問(もん)	18						
問題(もんだい) 2	3点(てん)×6問(もん)	18						
問題(もんだい) 3	3点(てん)×3問(もん)	9						
問題(もんだい) 4	2点(てん)×4問(もん)	8						
問題(もんだい) 5	1点(てん)×9問(もん)	9						
합계		62						
(기준점 목표)				(20)		(20)		(20)

	제 1 회	제 2 회	제 3회
종합 득점	／180	／180	／180
(합격점 목표)	(95)	(95)	(95)

딱！한권 일본어능력시험 모의고사 N3　かいとうようし

第1回　げんごちしき（もじ・ごい）

なまえ Name	

〈ちゅうい　Notes〉

1. くろいえんぴつ(HB、No.2)でかいてください。(ペンやボールペンではかかないでください)
   Use a black medium soft (HB or No.2) pencil.
   (Do not use any kind of pen.)
2. かきなおすときは、けしゴムできれいにけしてください。
   Erase any unintended marks completely.
3. きたなくしたり、おったりしないでください。
   Do not soil or bend this sheet.
4. マークれい　Marking examples

よいれい Correct Example	わるいれい Incorrect Examples
●	⊗ ✓ ○ ⊙ ⊜ ⦶ ◍

問題 1				
1	①	②	③	④
2	①	②	③	④
3	①	②	③	④
4	①	②	③	④
5	①	②	③	④
6	①	②	③	④
7	①	②	③	④
8	①	②	③	④
問題 2				
9	①	②	③	④
10	①	②	③	④
11	①	②	③	④
12	①	②	③	④
13	①	②	③	④
14	①	②	③	④
問題 3				
15	①	②	③	④
16	①	②	③	④
17	①	②	③	④
18	①	②	③	④
19	①	②	③	④
20	①	②	③	④
21	①	②	③	④
22	①	②	③	④
23	①	②	③	④
24	①	②	③	④
25	①	②	③	④

問題 4				
26	①	②	③	④
27	①	②	③	④
28	①	②	③	④
29	①	②	③	④
30	①	②	③	④
問題 5				
31	①	②	③	④
32	①	②	③	④
33	①	②	③	④
34	①	②	③	④
35	①	②	③	④

딱! 한권 일본어능력시험 모의고사 N3　かいとうようし

第１回　げんごちしき（ぶんぽう）・どっかい

なまえ Name	

〈ちゅうい　Notes〉

1. くろいえんぴつ（HB、No.2）でかいてください。（ペンやボールペンではかかないでください）
   Use a black medium soft (HB or No.2) pencil.
   (Do not use any kind of pen.)
2. かきなおすときは、けしゴムできれいにけしてください。
   Erase any unintended marks completely.
3. きたなくしたり、おったりしないでください。
   Do not soil or bend this sheet.
4. マークれい　Marking examples

よいれい Correct Example	わるいれい Incorrect Examples
●	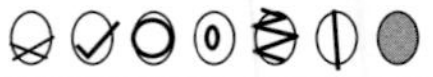

問題 1				
1	①	②	③	④
2	①	②	③	④
3	①	②	③	④
4	①	②	③	④
5	①	②	③	④
6	①	②	③	④
7	①	②	③	④
8	①	②	③	④
9	①	②	③	④
10	①	②	③	④
11	①	②	③	④
12	①	②	③	④
13	①	②	③	④
問題 2				
14	①	②	③	④
15	①	②	③	④
16	①	②	③	④
17	①	②	③	④
18	①	②	③	④
問題 3				
19	①	②	③	④
20	①	②	③	④
21	①	②	③	④
22	①	②	③	④
23	①	②	③	④

問題 4				
24	①	②	③	④
25	①	②	③	④
26	①	②	③	④
27	①	②	③	④
問題 5				
28	①	②	③	④
29	①	②	③	④
30	①	②	③	④
31	①	②	③	④
32	①	②	③	④
33	①	②	③	④
問題 6				
34	①	②	③	④
35	①	②	③	④
36	①	②	③	④
37	①	②	③	④
問題 7				
38	①	②	③	④
39	①	②	③	④

딱！한권 일본어능력시험 모의고사 N3　かいとうようし

第1回　ちょうかい

なまえ Name	

〈ちゅうい　Notes〉

1. くろいえんぴつ(HB、No.2)でかいてください。(ペンやボールペンではかかないでください)
   Use a black medium soft (HB or No.2) pencil.
   (Do not use any kind of pen.)
2. かきなおすときは、けしゴムできれいにけしてください。
   Erase any unintended marks completely.
3. きたなくしたり、おったりしないでください。
   Do not soil or bend this sheet.
4. マークれい　Marking examples

よいれい Correct Example	わるいれい Incorrect Examples
●	⊗ ✓ ○ ⓪ ⊜ ⦶ ◍

問題 1				
れい	●	②	③	④
1	①	②	③	④
2	①	②	③	④
3	①	②	③	④
4	①	②	③	④
5	①	②	③	④
6	①	②	③	④

問題 2				
れい	●	②	③	④
1	①	②	③	④
2	①	②	③	④
3	①	②	③	④
4	①	②	③	④
5	①	②	③	④
6	①	②	③	④

問題 3				
れい	①	●	③	④
1	①	②	③	④
2	①	②	③	④
3	①	②	③	④

問題 4			
れい	●	②	③
1	①	②	③
2	①	②	③
3	①	②	③
4	①	②	③

問題 5			
れい	①	●	③
1	①	②	③
2	①	②	③
3	①	②	③
4	①	②	③
5	①	②	③
6	①	②	③
7	①	②	③
8	①	②	③
9	①	②	③

딱！한권 일본어능력시험 모의고사 N3　かいとうようし

第2回　げんごちしき（もじ・ごい）

なまえ Name	

〈ちゅうい　Notes〉

1. くろいえんぴつ(HB、No.2)でかいてください。（ペンやボールペンではかかないでください）
   Use a black medium soft (HB or No.2) pencil.
   (Do not use any kind of pen.)
2. かきなおすときは、けしゴムできれいにけしてください。
   Erase any unintended marks completely.
3. きたなくしたり、おったりしないでください。
   Do not soil or bend this sheet.
4. マークれい　Marking examples

よいれい Correct Example	わるいれい Incorrect Examples

問題 1				
1	①	②	③	④
2	①	②	③	④
3	①	②	③	④
4	①	②	③	④
5	①	②	③	④
6	①	②	③	④
7	①	②	③	④
8	①	②	③	④
問題 2				
9	①	②	③	④
10	①	②	③	④
11	①	②	③	④
12	①	②	③	④
13	①	②	③	④
14	①	②	③	④
問題 3				
15	①	②	③	④
16	①	②	③	④
17	①	②	③	④
18	①	②	③	④
19	①	②	③	④
20	①	②	③	④
21	①	②	③	④
22	①	②	③	④
23	①	②	③	④
24	①	②	③	④
25	①	②	③	④

問題 4				
26	①	②	③	④
27	①	②	③	④
28	①	②	③	④
29	①	②	③	④
30	①	②	③	④
問題 5				
31	①	②	③	④
32	①	②	③	④
33	①	②	③	④
34	①	②	③	④
35	①	②	③	④

딱！한권 일본어능력시험 모의고사 N3　かいとうようし

第２回　げんごちしき（ぶんぽう）・どっかい

なまえ Name	

〈ちゅうい　Notes〉

1. くろいえんぴつ（HB、No.2）でかいてください。（ペンやボールペンではかかないでください）
   Use a black medium soft (HB or No.2) pencil.
   (Do not use any kind of pen.)
2. かきなおすときは、けしゴムできれいにけしてください。
   Erase any unintended marks completely.
3. きたなくしたり、おったりしないでください。
   Do not soil or bend this sheet.
4. マークれい　Marking examples

よいれい Correct Example	わるいれい Incorrect Examples
●	⊘ ✓ ○ ⓞ ⊜ ⦶ ●

問題 1				
1	①	②	③	④
2	①	②	③	④
3	①	②	③	④
4	①	②	③	④
5	①	②	③	④
6	①	②	③	④
7	①	②	③	④
8	①	②	③	④
9	①	②	③	④
10	①	②	③	④
11	①	②	③	④
12	①	②	③	④
13	①	②	③	④
問題 2				
14	①	②	③	④
15	①	②	③	④
16	①	②	③	④
17	①	②	③	④
18	①	②	③	④
問題 3				
19	①	②	③	④
20	①	②	③	④
21	①	②	③	④
22	①	②	③	④
23	①	②	③	④

問題 4				
24	①	②	③	④
25	①	②	③	④
26	①	②	③	④
27	①	②	③	④
問題 5				
28	①	②	③	④
29	①	②	③	④
30	①	②	③	④
31	①	②	③	④
32	①	②	③	④
33	①	②	③	④
問題 6				
34	①	②	③	④
35	①	②	③	④
36	①	②	③	④
37	①	②	③	④
問題 7				
38	①	②	③	④
39	①	②	③	④

딱！한권 일본어능력시험 모의고사 N3　かいとうようし

第2回　ちょうかい

なまえ Name	

〈ちゅうい　Notes〉

1. くろいえんぴつ(HB、No.2)でかいてください。(ペンやボールペンではかかないでください)
   Use a black medium soft (HB or No.2) pencil. (Do not use any kind of pen.)
2. かきなおすときは、けしゴムできれいにけしてください。
   Erase any unintended marks completely.
3. きたなくしたり、おったりしないでください。
   Do not soil or bend this sheet.
4. マークれい　Marking examples

よいれい Correct Example	わるいれい Incorrect Examples
●	⊗ ✓ ○ ⓪ ⊘ ⦶ ◉

問題 1				
れい	●	②	③	④
1	①	②	③	④
2	①	②	③	④
3	①	②	③	④
4	①	②	③	④
5	①	②	③	④
6	①	②	③	④

問題 2				
れい	●	②	③	④
1	①	②	③	④
2	①	②	③	④
3	①	②	③	④
4	①	②	③	④
5	①	②	③	④
6	①	②	③	④

問題 3				
れい	①	●	③	④
1	①	②	③	④
2	①	②	③	④
3	①	②	③	④

問題 4			
れい	●	②	③
1	①	②	③
2	①	②	③
3	①	②	③
4	①	②	③

問題 5			
れい	①	●	③
1	①	②	③
2	①	②	③
3	①	②	③
4	①	②	③
5	①	②	③
6	①	②	③
7	①	②	③
8	①	②	③
9	①	②	③

딱！한권 일본어능력시험 모의고사 N3　かいとうようし

第3回　げんごちしき（もじ・ごい）

なまえ Name	

〈ちゅうい　Notes〉

1. くろいえんぴつ(HB、No.2)でかいてください。(ペンやボールペンではかかないでください)
   Use a black medium soft (HB or No.2) pencil.
   (Do not use any kind of pen.)
2. かきなおすときは、けしゴムできれいにけしてください。
   Erase any unintended marks completely.
3. きたなくしたり、おったりしないでください。
   Do not soil or bend this sheet.
4. マークれい　Marking examples

よいれい Correct Example	わるいれい Incorrect Examples
●	⊘ ✓ ○ ⓪ ⊜ ⦶ ◍

問題 1				
1	①	②	③	④
2	①	②	③	④
3	①	②	③	④
4	①	②	③	④
5	①	②	③	④
6	①	②	③	④
7	①	②	③	④
8	①	②	③	④
問題 2				
9	①	②	③	④
10	①	②	③	④
11	①	②	③	④
12	①	②	③	④
13	①	②	③	④
14	①	②	③	④
問題 3				
15	①	②	③	④
16	①	②	③	④
17	①	②	③	④
18	①	②	③	④
19	①	②	③	④
20	①	②	③	④
21	①	②	③	④
22	①	②	③	④
23	①	②	③	④
24	①	②	③	④
25	①	②	③	④

問題 4				
26	①	②	③	④
27	①	②	③	④
28	①	②	③	④
29	①	②	③	④
30	①	②	③	④
問題 5				
31	①	②	③	④
32	①	②	③	④
33	①	②	③	④
34	①	②	③	④
35	①	②	③	④

딱！한권 일본어능력시험 모의고사 N3　かいとうようし

第3回　げんごちしき（ぶんぽう）・どっかい

なまえ Name	

〈ちゅうい　Notes〉

1. くろいえんぴつ(HB、No.2)でかいてください。
（ペンやボールペンではかかないでください）
Use a black medium soft (HB or No.2) pencil.
(Do not use any kind of pen.)
2. かきなおすときは、けしゴムできれいにけしてください。
Erase any unintended marks completely.
3. きたなくしたり、おったりしないでください。
Do not soil or bend this sheet.
4. マークれい　Marking examples

よいれい Correct Example	わるいれい Incorrect Examples
●	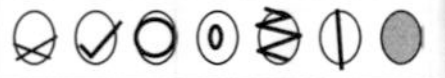

問題 1				
1	①	②	③	④
2	①	②	③	④
3	①	②	③	④
4	①	②	③	④
5	①	②	③	④
6	①	②	③	④
7	①	②	③	④
8	①	②	③	④
9	①	②	③	④
10	①	②	③	④
11	①	②	③	④
12	①	②	③	④
13	①	②	③	④
問題 2				
14	①	②	③	④
15	①	②	③	④
16	①	②	③	④
17	①	②	③	④
18	①	②	③	④
問題 3				
19	①	②	③	④
20	①	②	③	④
21	①	②	③	④
22	①	②	③	④
23	①	②	③	④

問題 4				
24	①	②	③	④
25	①	②	③	④
26	①	②	③	④
27	①	②	③	④
問題 5				
28	①	②	③	④
29	①	②	③	④
30	①	②	③	④
31	①	②	③	④
32	①	②	③	④
33	①	②	③	④
問題 6				
34	①	②	③	④
35	①	②	③	④
36	①	②	③	④
37	①	②	③	④
問題 7				
38	①	②	③	④
39	①	②	③	④

딱！한권 일본어능력시험 모의고사 N3　かいとうようし

第3回　ちょうかい

なまえ Name	

〈ちゅうい　Notes〉

1. くろいえんぴつ(HB、No.2)でかいてください。
(ペンやボールペンではかかないでください)
Use a black medium soft (HB or No.2) pencil.
(Do not use any kind of pen.)
2. かきなおすときは、けしゴムできれいにけしてください。
Erase any unintended marks completely.
3. きたなくしたり、おったりしないでください。
Do not soil or bend this sheet.
4. マークれい　Marking examples

よいれい Correct Example	わるいれい Incorrect Examples
●	⊘ ✓ ◯ ⓪ ⊜ ⦶ ◍

問題 1				
れい	●	②	③	④
1	①	②	③	④
2	①	②	③	④
3	①	②	③	④
4	①	②	③	④
5	①	②	③	④
6	①	②	③	④

問題 2				
れい	●	②	③	④
1	①	②	③	④
2	①	②	③	④
3	①	②	③	④
4	①	②	③	④
5	①	②	③	④
6	①	②	③	④

問題 3				
れい	①	●	③	④
1	①	②	③	④
2	①	②	③	④
3	①	②	③	④

問題 4			
れい	●	②	③
1	①	②	③
2	①	②	③
3	①	②	③
4	①	②	③

問題 5			
れい	①	●	③
1	①	②	③
2	①	②	③
3	①	②	③
4	①	②	③
5	①	②	③
6	①	②	③
7	①	②	③
8	①	②	③
9	①	②	③